三男一女　東大理Ⅲ合格！

佐藤ママの子育てバイブル

学びの黄金ルール42

浜学園アドバイザー
佐藤亮子
Ryoko Sato

朝日新聞出版

はじめに

長男が生まれるとき、わが子が生きていく社会を具体的に把握するために、小学1年生から小学6年生までの、体育、家庭科、美術まで含んだすべての教科書を購入しました。その教科書を小1からじっくり読んでいくと、わが子がこれから生きていく学校教育の世界を理解することができました。

子どもが育っていくうえで、何が必要なのか、何が必要ではないのか、を自分なりに見極めて子育てをすることにしたのです。

これから、ITなどテクノロジーがどんなに進んでも、いいえ、進めば進むほど「人間らしさ」が重要になるだろうと思い、童謡、絵本から始めたわけです。

現代は、SNSの発達で、人間関係の距離の測り方が難しくなっています。より一層、「本来の人間らしさ」とは何かを考えなければならない時代でしょう。

子どもたちが、より良き未来を生きていくためには、大人が子どもを大切に育てていくしかありません。

しかし、育てながら、育てる大人も充実した人生を送らなければ、子どものために我慢した18年間になってしまいます。

今の情報を取り入れ、古きよき昔の子育てと、現代の新しい技術を利用し、私たち大人の想像を超える時代を、たくましく生きていく子どもたちを育てていただきたいと思います。

この本をお読みになって、子どもといる時間が本当に楽しいと思っていただけたら、著者としてこれ以上の幸せはありません。

２０１８年７月　佐藤亮子

『三男一女 東大理Ⅲ合格！佐藤ママの子育てバイブル 学びの黄金ルール42』目次

第1章 親として自信がつく！まず、知っておきたい8つのこと —— 13

第4章 ママ友との関係、祖父母の口出し…困ったときの対処法

第5章 今から知っておけば安心！ 合格へ導く大学受験の法則

佐藤家のプロフィル

佐藤真理さん

大分県出身。東京大学卒業。司法試験に合格後、修習先に選んだ奈良市で弁護士として働く。

佐藤亮子さん

大分県出身。津田塾大学卒業。大分県内の私立高校で英語教師として２年間、教壇に立ったのちに結婚。専業主婦。浜学園アドバイザー。

しんちゃん

冷静で堅実。灘ではサッカー部に入り、高校３年の夏まで続けた。現役時代は後期で東大理Ⅰに合格。翌年、次男と一緒に東大理Ⅲに合格。大学でもサッカーを続けた。暗記が得意な秀才タイプ。理数系に強い。現在、研修医。

みいちゃん

長男と年子。明るく話し好き。灘では文化祭などで活躍。大学では医学部の野球部に入り、監督兼選手を務めた。父の後を継いで弁護士にと期待されたが、東大理Ⅲに現役合格。理数系が得意で、社会が苦手。現在、研修医。

かずちゃん

次男の二つ下。マイペースで頑固。灘中受験はプレッシャーと闘ったが、大学受験では兄たちの存在が自信となり、東大理Ⅲに現役合格。じっくり考察することが得意。英語も得意。現在、大学在学中。

まあちゃん

三男の四つ下。末っ子らしくのんびりとしている。兄たちと同じバイオリン、スイミングに加えてピアノに通い、熱中した。理数系教科と英語が得意。東大理Ⅲに現役合格。現在、大学在学中。

佐藤家4きょうだいのあゆみ

長男（しんちゃん）	次男（みいちゃん）	三男（かずちゃん）	長女（まあちゃん）
誕生			
公文に通い始める	誕生		
	公文に通い始める		
バイオリンを始める		誕生	
スイミングを始める	バイオリンを始める	公文に通い始める	
	スイミングを始める		
		バイオリンを始める	
小学校入学		スイミングを始める	誕生
	小学校入学		公文に通い始める
浜学園（進学塾）に 通い始める		小学校入学	バイオリンを始める
	浜学園に通い始める		スイミングを始める
灘中合格			
灘中入学	灘中合格	浜学園に通い始める	
	灘中入学		小学校入学 ピアノを始める
		灘中合格	浜学園に通い始める
灘高進学 「鉄緑会※」に 通い始める	「鉄緑会」に 通い始める	灘中入学	
	灘高進学		
東大後期理Ⅰ合格		「鉄緑会」に 通い始める	
東大理Ⅲ合格	東大理Ⅲ合格	灘高進学	洛南高校附属 中学合格
東大理Ⅲ入学	東大理Ⅲ入学		中学入学 「鉄緑会」に 通い始める
		東大理Ⅲ合格	
		東大理Ⅲ入学	
			洛南高校進学
医師国家試験合格	医師国家試験合格		東大理Ⅲ合格
			東大理Ⅲ入学

※東大・京大・国公医受験指導専門塾

第1章

親として自信がつく！まず、知っておきたい8つのこと

黄金ルール

1〜8

黄金ルール 1

18歳まではどこまでも子どもに手をかけて

子育ては、親がいなくなっても子どもが自分の力で生きていける「自活」が目標です。そのためには、子どもが大学受験の18歳になるまで、親は子どもに徹底的に手をかけてください。それまでは、全力で子どもをサポートしていただきたいと思います。

もちろん、スポーツや音楽などの才能に秀でていたら、大学に行かずに「自活」する道もあるでしょう。しかし、そうした才能のある人は多くはありません。ごく一部の人を除く多くの人にとって、**今の日本の社会で大学受験は人生の一つの大きな節目といえます。**それは、否定できない現実なのです。

大学受験は、鉛筆と消しゴムだけで子どもたちが挑戦することができ、点数のみで合否が決まるといえます。非常にシンプルな基準で判断される、努力がそのまま反映される美しい世界だと思います。だから、**志望大学に合格するまでは、努力するお子さんをどこまでも手伝ってあげてほしいと思います。**

私は、長男を授かったとき、将来、自分の希望する道に進めるよう、本人の能力を最大限に伸ばしてあげようと思いました。独身時代に教員をしていたこともあって、**子どもたちの未来を拓くのは、「教育しかない」**と思っていました。だから、子どもたちが1歳ころから、さまざまな勉強のサポートを行ってきました。

子どもはお父さんとお母さんだけを頼りにこの世に生まれてきます。「旅は道連れ」と言いますが、大学受験までの期間も旅といえるでしょう。**18歳までは、成績がいいときも悪いときもお子さんの手をしっかりと握り、ともに歩き、育ててあげてほしい**ですね。

成績がいいときには親の機嫌がいいけれど、成績が悪いときに親の機嫌が悪くなるのでは、子どもは悲しい思いをするし、親を心から信じられなくなります。どんなときにも子どもの立場に立ち、同じように愛情を注ぐことが大切です。

私は、朝、子どもたちを起こすときも、大声で怒りながら起こすことはせず、靴下をはかせて、「朝だよ」と明るい楽しい声で起こしていました。そのように手をかけすぎるとマザコンになるのではないか、自立できないのではと心配する方もいらっしゃいますが、そんなことはありません。

今、わが家の3人の息子たちは家族LINEに私が何か書いても「既読」になるだけで、特に返事がないことが普通ですね。4人の子どもたちには大学受験が終わるまで、家事を手伝わせたことはありませんが、大学に入学して実家を出ると、子どもたちは料理もするし、自分で洗濯、掃除などの家事もこなしていました。

何かあったときには連絡がありますが、普段は特に連絡がありません。**18歳まで子どもたちにはさんざん手をかけてきましたが、まったくマザコンにはなっていませんね（笑）。**

自立できないのでは？　マザコンになるのでは？なんて、心配する必要はありません。とにかく、かわいいわが子が志望大学に合格するまでとことん手をかけてあげること。18歳までの時間は、意外と短いものですよ。万が一、マザコンになったら、そのときに考えましょ！

マザコンにはならなかったけど……

普段は〝既読スルー〟の息子たちですが、私の発言がネットで独り歩きして、炎上騒ぎがあったときだけは別でした。私は平気でしたが、息子たちは私がすごく落ち込んでいると思ったのか、普段は帰ってこない長男が東京から1泊で帰ってきました。その後、次男も帰ってきて、私の顔を見て「意外と元気やな」と言って、東京に戻りました。三男からは「僕はちょっと忙しいから帰れないけど、元気?」と電話がありました。マザコンにはならなかったけど、親子の心の距離は近いのかなと思っています。

黄金ルール

2

親のサポートが子どもの人生を左右する

私の母親としての人生がこれから始まろうというときに、衝撃的なニュースがありました。長男が生まれた年に、湾岸戦争が始まったのです。それまでの戦争のイメージとはかけはなれた、テレビゲームのような戦闘の映像がニュースで流れたのはみなさんも記憶に残っていると思います。

私はそのとき、「これからは大変な世の中になるのでは」と思いました。同時に、これからの子育ては、自分が育てられたときのように育てるのではなく、世の中の変化を見据えて、「責任を持って育てなければ」と覚悟しました。

親の考え方や人生に向き合う姿勢は、子どもにかなり大きな影響を及ぼします。

私は大学卒業後、出身地の大分の高校で2年間英語の教員をしていました。あるとき、仲よしの2人の女子生徒が、放課後一緒に私のところに相談にやってきました。2人は「英語がよくわからないんですけど、できるようになりたいです。どうしたらいいですか」と私にアドバイスを求めてきました。

そのとき、2人の英語の成績は同じくらいでした。私は2人に同じ問題集の中から、やるべき問題を伝え、毎週やって持ってくるように言いました。

Aさんは私に言われた問題を毎週、きちんとやって持ってきました。ところが、Bさんは持ってきたり、持ってこなかったり。Bさんに「なぜ持ってこないの？」と聞くと、「忙しくて……」と毎回言い訳するのです。

それで、Bさんのお母さんに連絡して学校に来てもらいました。私が、「お嬢さんに毎週英語の宿題を出していますが、やってこないことが多いのです。30分でいいからお嬢さんのそばについて、宿題をするところを見てあげてくださいね」とお話ししました。すると、お母さんの第一声は「忙しくて……」でした。Bさんの**口調がお母さんにそっくりなのもビックリしました。**

そのとき、そのお母さんには言いませんでしたが、**「お母さんが何かをできないとき**

に**『忙しくて……』と言い訳しているから、子どもも同じように言い訳するようになってしまったんだな」**と思いました。なぜ自分はやらなかったのか、なぜできないのかを反省せずに、まず言い訳をすると、実はクセになるのです。

せっかく、お母さんに学校に来てもらってお話をしたのに、Bさんは相変わらず宿題を持ってきたり、持ってこなかったり。そうして半年が過ぎたころ、AさんとBさんの英語力には大きな差がついてしまいました。最初に私のところに来たときには2人の英語力は同じだったのに、毎週、言われた通りに宿題をやってきたAさんの英語力は大きく伸び、Bさんはほとんど伸びませんでした。

この様子を見て、**「母親の影響力は大きい。家庭環境は大事だ」と痛感したのです。**どんなに学校の先生が丁寧に授業をして、宿題を出しても、生徒が家庭で復習も宿題もやらないのなら学力はつきません。子どもが宿題をしないときには、やはり、親がフォローすることが大切だと思うのです。

親のサポートの大切さを痛感したからこそ、結婚して子どもを授かったときには、専業主婦で全力で子どもの勉強のサポートをしようと決意しました。長男を妊娠中には、育児書、小学校で使われている国語と算数の教科書など、教育に関するものをいろいろと取り寄せて読みました。

想像以上に親のサポートは子どもの人生を左右します。忙しい毎日を言い訳にしてはいけません。**どんなに忙しくても、「忙しくて……」と言い訳はしないでくださいね。**完璧なサポートである必要はありません。ただ同じ部屋にいてあげる、そばに座ってあげるだけでいいのですよ。**できる範囲でいいので、勉強をがんばっているお子さんをフォローしてあげてください。**

私の場合

家庭環境＝母親だと感じたので、結婚を機に教員をやめました。「教員をやめるなんてもったいない」と言う方もいましたが、迷いはまったくありませんでした。私は、仕事と育児の両方を全力でやるのは難しいと感じたからです。子育ては大変だけど、やりがいがあるし、幼児教育、情操教育についても、しっかりと考えたいという思いもありました。

黄金ルール 3

子どもは怠け者で、勉強は嫌いだし、ウソもつく。そこからスタート

わが家の4人の子どもたち全員が東大理Ⅲに合格したので、「佐藤家の子どもは勉強がすごく好きなんだろう」「たまたま勉強が嫌いな子どもがひとりもいなかったんだろう」「できる子どもはもともとがほかの子と違う」と思われてしまうことがあります。でも、そんなことはありません。大学に合格したあとで、子どもたちに「勉強は好きだったの？」と聞いてみたら、「それは、勉強より遊ぶ方が楽しいよ。勉強はわかると面白いけど、基本的には嫌いだよ」と、言っていました（笑）。

子どもは勉強をするものだと考え、勉強をするのが当たり前なんて思っていませんか。**基本的に「子どもは勉強が嫌いで、ウソもつく怠け者」なのです。まず、ここから始めましょう。**勉強をなかなか始めないことは、普通のことなのです。

勉強よりも遊びの方が楽しいということですね。私たち大人も、仕事が好きでも、それ以上に家族旅行や友人との飲み会や趣味に没頭しているときが楽しかったりしますよね。子どもも、同じです。

「本来子どもは勉強よりも遊びが好き」ということを理解したうえで、お子さんに接しましょう。「子どもは勉強するのが当たり前」と思ってはいけません。だから、**いきなり、やるべき課題を「これやりなさい」とボンと子どもに与えるだけではダメ**なのです。楽しくやらせるためには工夫が必要です。**ポイントは、勉強へのハードルを低くすることです。**

長男は1歳半ころから公文を始めましたが、いきなり、「これやりなさい」とプリントを出しても、1歳児がやるわけがないのです。それで、最初は長男の代わりに私が宿題をやっていました。「ママがやっておくね」「これ楽しいよ～」**「これ、面白いよ」と言って、長男の前で楽しそうにやりました。**

6カ月くらいたったころでしょうか。長男が「どんなのやってるの？」と言って公文に興味を持ち、「1枚やってみる？」と聞いたら、「うん」と言ったのでやらせてみました。それからは、長男は自分で楽しそうに公文をやるようになりました。

勉強をいきなり与えても、子どもにとって心のハードルが高いのでやりたがりません。子どもに寄り添って、ハードルをいかに低くするかが大切なのです。

無理やりやらせずに、子どもが興味を示すまでじっと待つのです。お母さんには待つ忍耐力が必要ですね。何事もはじめの導入のときが大事なのです。最初に無理やりやらせると嫌いになってしまうおそれがありますので、**子どもが興味を持つまで、そして、自分からやりたがるまで、待ってみてください。**

お子さんが「やる」と約束した勉強ができていなかったときも、「やるって約束したのに、なぜやらないの？」「どうしてウソをつくの？」などと責めないでくださいね。子どもが約束したことをやらないときには、なぜやらなかったのか、その理由を聞いてください。もしも、「問題がわからない」と答えたら、子どもと一緒に考えてあげましょう。「勉強なんて嫌い」と言ったら、「子どもが勉強を嫌いなのは当たり前のこと」と腹をくくり、どうすれば子どもが楽しく取り組めるかを考えてください。

子どもはもともと勉強が嫌いで、ウソもつく、怠け者なんです。そのことを理解して納得し、その性質を許してあげる（だって人間はみんなそうなんですから）。子育てはそこからスタートです。

「これやりなさい」とお子さんにやることを与えるだけでなく、やらなかったら責めるのでもなく、お子さんのそばに寄り添い、目の前のハードルを低くしてあげて、お子さんがやりたくなるように、工夫してみてください。

勉強のサポートは感謝されたけど……

最近、子どもたちに「思い出に残っていること」を聞きました。長女は、家族の誕生日を祝うなどの日常生活が楽しかったようですが、3人の息子たちは家族旅行。長男は、自分の中学受験が終わり、年子の弟の中学受験が終わったあとに行った城崎温泉、次男は小学校低学年のころに行った、奈良の山奥に1軒だけ建っているログハウスに泊まり、自然の中で遊んだこと、理科が好きな三男は「愛・地球博」のトヨタグループ館のロボット、日立グループ館の仮想空間を楽しむショーが思い出に残っているそうです。誰の受験もない年の、家族そろっての旅行は子どもたちの心に残っているのでしょう。勉強については私のサポートにとても感謝してくれていましたが、「ママと勉強していたときが一番楽しい思い出」と答えた子どもは1人もいませんでした（笑）。

黄金ルール 4

学びには旬がある。今、やらせないと後悔します

どんな勉強でもいつでもできる、人生は長いのだから今やらなくてもやる気さえあればいつでも学ぶことができる。そう思っている人は少なくないと思います。

本当にそうでしょうか。

確かに、やる気があって努力を重ねれば何歳からでも何かを学ぶことはできます。**しかし、学びには、習得しやすいという意味での「旬」があると私は思います。**暗記力、思考力などそれぞれの能力を獲得するには、やはり、その「旬」の時期にするのが一番効果的です。

私が「学びには旬があるのでは」と考えるようになったきっかけは、私が小学4年生のときに読んだ新聞記事です。社会面に掲載された、72歳の女性が夜間中学で「ひ

らがな」を学んでいるという記事でした。戦争中に読み書きを覚えそこなってしまったんですね。その女性は、ひらがなをなかなか覚えられずに苦労しているという話でした。

子どもだった私は、まず、72歳の大人が文字を書けないことに驚きました。長い間日本語を話して生きてきたのに、72歳になると努力してもなかなかひらがなが覚えられない。本当に衝撃的でした。

子どものときに勉強したくても学べなかったというこの女性の経験から、私が思ったことは、子どものときに学ぶべきものは、子どものときに学んでおかないと、大人になって非常に苦労する、学びには、後から身につけることができるものと、できないものがあるということです。**基礎学力というのは、後から身につけることができないもので、学びやすい旬の時期にきちんと身につけておくべきものなのです。**

ひらがなの読み書きや計算などは、小学校に入学したら教えてくれるんだから、就学前にできなくてもいいと思っている親御さんもいらっしゃるかもしれません。でも、**子どもが興味を持ったときに覚えさせるといい**と思います。小学校入学まで待つ必要はありません。

例えば、幸田露伴は4歳のときに、焼き芋を食べながら、縁側に寝ころんで漢文で書かれた書籍を読んでいたと言われています。また森鷗外も5、6歳のころに、祖父から漢文を教わっていたといいます。**「学ぶ」ということに早すぎることはない**ということですね。大人が対応すれば、子どもはあらゆることを吸収するのです。**幼い子どもは「わかるようになる」「できるようになる」とうれしいので、楽しく学びます。**上手に導いてあげれば、幼い子どもは興味を持って、知りたい、覚えたい、と思うのです。

親が就学前の子どもを勉強に向かわせることは決して間違っていません。子どもの能力は無限大ですから、「○歳だからこれをやる」といった**年齢にとらわれることなく、お子さんがやりたがること、できることをどんどんやらせる**ことが大事です。何かができるようになる喜び、できたときにお母さんにほめられる喜びを、お子さんにたくさん味わわせてください。

知的好奇心が旺盛で、楽しく覚えられる幼児期は、基礎学力を身につける旬のときです。子どもが楽しく学べるようにお母さんも楽しんで上手に学ばせてください。公文などの幼児教室に通わせるのも一つの方法です。

「学びの旬」を逃さないでくださいね。基礎学力は、覚えやすい旬の時期に身につけてしまいましょう。

わが家は1歳ころから公文に

わが家では、4人の子ども全員が1歳ころから公文に通い始めました。楽しく先取り学習をしていたので、小学校入学の時点でひらがなはすらすら書けました。クラスには、同じようにひらがなを書けるお子さんとまったく書けないお子さんがいました。小学校で教えてくれるからと、まったく書けないままでは入学早々、お子さんが劣等感を持ってしまうかもしれません。就学前でも、子どもが興味を持ったら、親御さんが教えてあげてください。

黄金ルール 5

テストで1点を上げる努力を甘く見ない。成功体験が自己肯定感につながる

世の中には「点数を上げるために勉強ばかりしていては、生きる力が身につかない」と言う人もいます。そうした世の中の声が、親が子どもの勉強をサポートすることをためらわせているのかもしれませんね。

でも、そんなことは決してありません。心配しないでください。

点数を上げるためにした**子どもの努力を否定してほしくないですね。**テストで1点を上げるのは大変なことなのです。**努力が実を結んで点数が少しでも上がれば、子どもにとっては成功体験**となります。その小さな成功体験の積み重ねが、子どもの生きる力につながっていきます。

各地で子育てや勉強について講演する機会があったとき、質疑応答の時間によく「テ

ストで点数をとるだけで人間性は育つのですか」という質問をいただきます。「点数をとるだけ」なんて気軽に言わないでほしい。テストの点数を1点上げるのがどれだけ大変なことか。1点上げるために、子どもたちは血のにじむような努力をどれだけしているか。1点上げるための努力を甘く見ないでほしいです。**「点数をとるだけ」と言う人たちには、「まず、点数をとらせてみてください」と言いたいですね。やってみるとテストで1点を上げることの大変さがわかると思います。**

テストの点数を上げるためには勉強しなくてはなりません。それには、遊びたい気持ちを我慢する必要があり、まず**自制心が身につきます。**諦めずに地道にがんばることも必要で、**努力する大切さを学びます。**目標を立て、いつまでにこれをやるといった**計画性も養われます。**「点数を上げる」ことはそんなに単純なことではありません。

わが家ではテストの点数を上げるために、次のテストの目標点を決め、勉強時間を増やすこともありました。子どもって、同じ問題を何度も何度も間違えるのですよね。テストでは、覚えにくいところが出されますから、覚えにくいところ、自分が間違えたところをきっちりと押さえることが大切です。

中学受験や大学受験の直前期には、テストで間違えたところ、覚えなくてはならないことなどの暗記項目を、ノートに大きな文字で一つだけ書く「必殺ノート」をつくり、それを何度も見せて子どもに覚えさせました。なかなか覚えられないことを紙に書いて、家の中の目につく場所にも貼りました。覚えられないものは「見慣れる」ということが大切です。

間違えたところはそのままにしないで必ず見直すことが大切です。人間は、できれば自分の苦手なところ、不得意なところは見たくないですよね。点数を上げるというのは、できないところを面倒だけれどもちゃんとやって、子どもが自分の力でそれを少しずつ克服していく作業なのです。

テストの点数を上げる努力は、生きていくうえで必要な、さまざまな人間力に必ずつながります。

努力を重ねて点数が上がったら、やはり子どももはうれしい。それは小さな達成感かもしれませんが、**「努力は報われる」「やればできる」ということのような成功体験こそが、自己肯定感へと育っていくのです。**自己肯定感を持つ子どもたちは、毎日を積極的に明るい気持ちで過ごすことができるようになります。テストで1点を上げるための努力は尊いことですから、お子さんに勉強させることに対して親御さんは何ら後ろめたい気持ちを持つ必要はありません。むしろ、お子さんたちが必死で努力するときに応援してほしいですね。

大人になって社会に出たら、努力が報われないこともあるでしょう。しかし、テストの点数は努力すれば必ず成果が出ます。大小さまざまな**成功体験を持たせて、子どもを厳しい社会に送り出すのが親の役目ではないでしょうか。**

だから、1点を上げる努力を甘く見ず、1点のために必死で努力する子どもになってほしいと思います。それが、自らの人生の責任をとるということだと教えてください。

なぜか覚えられない！

わが家には「月見草伝説」があります。長男が小4のときの浜学園の理科のテストで「月見草の色」を問う問題が出ました。黄色なのに、長男は白と書いていました。長男が小6、次男が小5のときにも同じ問題が出て、2人とも間違えました。あるとき、4人の子どもたちに、「絵本を見せるから集まって」と言い、幼いころに読んであげた『つきみそうがさいた』という絵本を見せました。月見草の黄色い花が咲くお話です。「絵本まで見せたから、もう間違えないだろう」と思ったのに、その後、三男、長女と間違えて、結局ひとりにつき2回ずつ間違えてしまいました。なぜ、月見草の色をこんなに間違えたのか、結局わからずじまい……。「わが家は月見草に祟られているね」と家族で笑い合いました。

黄金ルール
6

とりあえずやってみる。教育は「いいとこどり」の精神でOKです

世の中には、いろいろな教育方法、勉強法があります。それぞれに特色があるので、**何をやったらいいのかわからなくなってしまう親御さんも多いと思います。特に、初めてのお子さんの幼児教育は迷いますよね。**

私も実は、初めての子どもである長男の子育てのとき、幼児教育を何にするかさんざん迷いました。

私は結婚を機に高校の教員をやめ、子育てに全力投球することに決め、その後、ありとあらゆる情操教育や幼児教育の本などを読んで、情報を集めました。

しかしそれでも、長男が1歳のころにいろいろな幼児教室を実際に見学してみると、すごく迷いました。教室ごとにそれぞれの良さがあるから、どこをポイントにしたら

いいのかわからなくなり、しばらくは悩んでいました。

見学したなかでは、「公文がいいかな」と思ったのですが、いろんな人からいろんな賛否両論の意見が出ていたため、決めきれませんでした。私は、やり始めたらやめたくないし、子どもも私も楽しくやりたいし、やってよかったと思いたいし……と本気で悩み、出口のない迷路に入り込んだような気持ちになっていました。

そんなとき、主人が私に、「ママ、**とりあえずやってみたらいいじゃない。いいとこどりをすればいいんだから**」と言ったのです。

私は「目からうろこ」でしたね。

「そうだ！　やる前から心配しても仕方ない。自分が『一番いい』と感じたものをとりあえずやってみて、いいとこどりすればいいんだ」と決心がついたのです。主人の言葉のおかげで、私は気が楽になり、ひとまず、公文を始めることにしました。

結局、公文は4人の子ども全員が1歳くらいから始め、浜学園に通い出す小学3年まで続けました。4人全員が算数、数学が得意になったのは、公文で計算力を鍛えたからだと思っています。わが家の子どもたちに公文は合っていたようで、楽しくやれたのがよかったですね。

自分の子どもにピッタリの教育方法なんてありません。そのようなものを求めるのでしたら、子ども一人ひとりに教育方法をつくらなければなりませんよね。だから、まずは「いいとこどり」の精神で始めてみることです。**迷っている間に子どもはどんどん大きくなるので、とりあえず早く前に進んでみることです。**とりあえずでも始めてみると、少しでも前に進むことができます。

ただ、「この方法でやる」と決めたら、半年か1年くらいは、お子さんに続けさせてみましょう。**何かを始めたからといって、すぐに結果が出て子どもが賢くなるとは限りませんから。**

お子さんの成績がなかなか上がらない原因を、「子どもの根気が足りない」と思っている親御さんが多いのですが、それは根気の問題ではなく、勉強のやり方が悪いだけのこともよくあります。お子さんを教育方法、勉強法に合わせるのではなく、教育方法や勉強法をお子さんに合わせて、お子さんがやりやすくなるよう工夫していくしかないですね。わが家でも、4人の子どもたちは性格が違いますから、性格に合わせて工夫してきました。

最低でも半年か1年くらいはがんばって続けてみて、それで合わないと感じたときに、ほかのものに変えればいいのです。まずはとりあえず始めてみることが大切です。

幼児教室、学校、塾などを選ぶこと、勉強のやりやすい環境を整えること、子どもに合った勉強法を見つけてあげることは親の仕事だと思っています。でも、これらのことを**最初からすべてうまくやろうなんて思わないでください。**うまくやろうとして悩んで何もしないよりも、まずはやってみて、合わないと感じたら方向転換する。「いいとこどり」の精神で、試行錯誤を繰り返しながら、最終的にお子さんにとって最良の方法にたどりつければいいのです。とにかく、**迷ったときは、失敗をおそれず、まずやってみましょう。**

黄金ルール
7

子どもの「わかった！」は親への最高のプレゼント

私が子どもの勉強を全力でサポートしたことを話すと、「よくそこまでできますね」「いくら親でも大変だよ」という感想を抱く方もいます。もちろん大変ですし、私のやり方が「正解」とは限りません。でもみなさんに、私の経験からお伝えしたいことがあります。

子どもが「わかった！」というときの笑顔は、何にも代えがたいもの。その笑顔はお母さん、お父さんへの最高のプレゼントになります。

子どもは素直だから、感情がすぐに顔に出てしまいます。勉強がわからないときには「う〜〜ん」とうなって困った顔、つらそうな顔、泣きそうな顔、不機嫌そうな顔になります。それが、わかった瞬間、「あー、わかった！」と言って、表情がぱっと明るくなり、本当にうれしそうな笑顔になります。その笑顔はすてきなんです。

理解できたときには本当の笑顔になるんですよね。**中途半端にわかったような気でいるときと、ストンと腹に落ちたときの子どもの表情の違いはすぐにわかります。**子どもの心からの「わかった！」のために、サポートしたいという思いは親として自然にわいてきた気持ちでした。

子どもの最高の笑顔を見るために、私はいろいろと工夫しました。やはり、教科書や塾のテキストを読むだけでは、経験が乏しい子どもたちはなかなかイメージがわかず、理解できません。

例えば、算数。平面図形はわかるけど、立体図形は苦手だというお子さんは少なくないと思います。立体図形を頭の中でうまくイメージできないからです。立体図形を理解させるためには、2Dを3Dにして、リアルな世界に近づけてあげましょう。

私は、展開図がある場合には同じものを紙とハサミで作り、子どもの目の前で組み立てて見せました。紙粘土を使ったこともあります。手を替え品を替え、立体図形を作って見せてあげるのです。子どもたちは、わかったときには「あー、そうなんだ」と本当にうれしそうに言いますよね。勉強をしているときに笑顔を見られるのはうれしいことです。

国語では、教科書や塾のテキスト、塾の模試などで出てきた物語の続きを知りたくなって、図書館に行ってその本を借りてきたこともありました。やはり、主人公のその後など、物語の結末が気になりますよね。

テキストの一部分だけでは、主人公の気持ちを理解するのに不十分でしたが、借りてきた本を読み終わったとき、「あー、あのようなことがあったからこんな感じに思ったんだ」と理解が深まったようでした。

社会科は、新聞記事を活用しました。子どもたちは高齢化社会、年金問題といっても、ピンときません。介護疲れで90代の夫が90代の妻を刺した事件を子どもたちに伝えると、「まじー？」って驚いていました。高齢化社会で老老介護の問題があるといっても、子どもたちの世界は狭いから、普段はそのことには気づきません。新聞記事を読ませることは、子どもがリアルな世界に触れることでもあります。**社会科は、現実に起きているニュースについて新聞やテレビを見せたり、親が解説してあげたりするといい**ですね。

子どもたちが小さかったとき、近くの土手にたくさん芽を出しているツクシやスギナなどを見せにいきました。その後、理科の問題を解いているときに、ツクシやスギナが出てきたら喜んでいました。

「百聞は一見に如かず」。教科書の写真やイラストを見るよりも、実際に植物が生えているところに連れていって見せるのがいいですね。教科書や図鑑だけでなく、**ホンモノを見せると、子どもたちも喜ぶし、実際に見たものは記憶に残りやすい**と思います。

4人の子どもたちと星座盤を使って、星もよく見ました。台風一過のときは、空が澄んでいて星がよく見えるのです。星座盤を片手にみんなで上を向いて「あの星座だ」「あの星は、この前テストに出たよ」などと言いながら、見るのは楽しかったですね。騒いでいる子どもたちの横で、私は「聖徳太子もガリレオもこの星を見たんだなあ」と人間の存在の小ささと宇宙の広大さにひたすら感動していました。

普段はいわば学校と家を往復する生活ですから、子どもたちを「ホンモノの世界」に触れさせることは本当に大事なことです。机の上でやっていることは、実はすべてリアルな世界につながっていることを感じさせてあげてください。

お子さんの最高の笑顔を見ていると、親御さんもお子さんのサポートを楽しくがんばれますよ。だから、子どもが「わかった！」と最高の笑顔になれるよう、親は工夫しながら、できる限りのサポートをしてみませんか。

黄金ルール

8

自分の人生はオリジナル。周りは気にしないで

子育てをしていると、何が「正解」かわからないので、周囲の批判的な声やアドバイスが気になってしまうかもしれません。失敗したくない、という気持ちもあるのでしょう。でもそれに振り回されすぎていませんか。

私も周囲の人たちから意見をいろいろいただきました。「そこまで親がやるのはやりすぎ」「そんなにサポートすると、子どもは自立できなくなる」「親が手伝いすぎると、過保護で甘やかすことになり、子どものためにならない」などというご意見でしたね。

でも、**基本的に周囲の人たちはあなたの子どもに対して責任はありません。責任がないからこそ、いろいろと言うのです。**

人生はオリジナルなものです。他人の言葉は気にしなくていいと思います。かわいいわが子の勉強のサポートを親がためらう理由なんて、一つもありません。

受験に不合格のときは「ほらね」、合格したら「お母さんが、がんばってたからね」と言われるので、基本的には他人の意見は気にしないのが一番ですね。

子どもたちが幼いころ、4人を車に乗せて、幼児教室や習い事に連れていって忙しくしていました。その様子を見ていた近所の年配の男性が、回覧板を持ってきたときに、「そんなにがんばらなくてもいいんじゃないの。東大に行っても、職がない人もいるんだから」とお話しされました。

そのころ、私は「東大」ということを考えてもいなかったし、子どものためを思って習い事をさせていただけで、「将来は手が届く大学に入ってくれればいい」くらいにしか思っていなかったのですが、世間の人はいろいろなことを思ったり、言ってきたりするもんだと驚いたことがあります。そのときは「そうですよね～」と返しておきましたが。

私は、周囲から否定的なことを言われても、スルーすることにしているのです。結局、4人の子育てをしている間、私はすべてにおいて子どもを優先させてきました。私の時間も、労力も、すべてを子育てに使ったということですね。よく「趣味は何ですか?」と聞かれましたが、自分の趣味を持つということは子育ての時間が減るということなので、趣味、息抜きなどは、ほとんど排除しました。

昨春の大学合格発表後に取材を受けた娘が、「自分が『やる』と決めたことに取り組むときに、他のことを犠牲にするのは当然だと思いますし、それは受験に限りません。母はそれを自分の身をもって教えてくれました。子どものためにすべてをささげてくれることって、なかなかすごいことだと思います」と答えていました。それを聞いて、私はこれでよかったんだと思いました。

周囲の人は、責任がないので好き勝手にいろいろ言います。**批判されても、自分の考え方や気持ちを家族が理解してくれていたら、それでいいのではないでしょうか。**

みなさんの人生もオリジナルなものです。**自分で「やる！」と決めたら、周囲の意見は気にしないことです。批判は「そうですね」と聞き流しましょう。**

第2章

早期教育の鉄則
就学前は「よみ、かき、そろばん」を徹底的に

黄金ルール 9～15

黄金ルール

9

ＩＴ時代も30年前の子育てがちょうどいい

長男が生まれたのは1991年です。「頭の形がよくなる」と、うつぶせ寝がはやっていました。でも、私は「赤ちゃんがうつぶせ寝をするのは危ないんじゃないか」と思って、ブームには飛びつかず、昔ながらのあおむけで寝かせました。その後、窒息死が相次ぎ、今では「寝返りができない赤ちゃんのうつぶせ寝は危険」というのが常識になっています。

また、同じころに、「泣いたときにすぐに抱くと抱きグセがつく」という意見や、「母乳はなるべく早くやめて、果汁や離乳食を始めるといい」という意見もありました。でも、今では、「そうではない」ということがわかっています。

育児にはブームがあります。そのブームが果たして本当に正しいことなのかはすぐに

はわかりません。正しいかどうかを検証するためにはかなり時間がかかるからです。だから、新しい育児法が提唱されても、すぐに飛びつかない方がいいと思います。

私は、ブームになっている育児ではなく、「10年前くらいの育児がちょうどいい」と思って子どもたちを育ててきました。当時の話ですから、今から30年くらい前がちょうどいいと考えればいいと思います。科学が進歩して、**移り変わりの激しい世の中ですが、人間にとって大事なことはそう簡単に変化するものではありません。**

1980年代に家庭用テレビゲーム機が大ヒットして以降、携帯ゲーム、スマートフォン、タブレット端末など、子どもがひとりで遊べる手軽なツールが次々と売り出されました。最近、母親が幼い子どもにスマホやタブレット端末を与え、子守をさせているという話をよく聞きます。でも、私は「幼い子どもをスマホで遊ばせるのは間違えている」と思うんですよね。

大人が夢中になるくらいのツールですから、それを与えれば、騒いでいた子どもはおとなしくなり、楽しくて画面に集中します。その間は子どもの相手をしなくてすむので親御さんは楽だと思います。

でも、**スマホに子守をさせて、それで賢い子どもに育つなんて思わないでください。**

技術の進歩を否定しているように聞こえるかもしれませんが、家電の登場で家事が楽になったのと、ＩＴのツールで子守が楽になるのとは根本的に違うことなのです。昔はご飯をかまどで炊いていたのが現代は炊飯器で炊けて便利になりましたが、これは目的達成のための手間を省く科学技術です。ごはんを炊くという本質・目的は変わっていません。

一方で、絵本の読み聞かせをスマホやタブレット端末に変えてしまうと子育ての本質が変わってしまいます。育児は、その手間に意味があることが多いのです。例えば、**絵本を読み聞かせることは、親が子どもに言葉や活字文化を伝えることであり、家族のコミュニケーションを大切にすることになります。親がやらずに、ＩＴ機器に任せていいはずがありません。**

石器時代から、親は子どもに言葉を教え、数の数え方を教え、他者とコミュニケーションをとれるように子どもを育ててきたと思います。言葉が人間をつくるんですね。それは大昔も、そして今でも変わっていません。

人間の発達を考えたとき、**どんな時代でも「よみ、かき、そろばん」が最も重要**なのです。だから、スマホやタブレット端末でのひとり遊びが、絵本の読み聞かせの代わりになることはありません。

わが家では、長男の子育て中に大ブームだったテレビゲームも買いませんでした。友達の家でテレビゲームをするのは許しましたが、わが家では部屋にこもってテレビ画面を相手に遊ぶゲームはさせませんでした。長男が1~2歳のころ、ショッキングなニュースが報じられたことも影響しています。テレビゲームで遊んでいた中学生の弟が、高校生の兄を果物ナイフで刺すという事件でした。テレビを見たがった兄に、ゲームの電源を切られた弟が逆上したことが原因だったようです。ゲームの中毒性の怖さを感じました。

子どもにスマホを与えてひとりで遊ばせておくと、そのときは楽かもしれません。

しかし、親子のコミュニケーションは人間としての基礎をつくります。学校で学ぶ勉強もその上に成り立ちます。**子どもに賢く育ってほしいなら、ぜひとも、IT機器に頼らない、昔ながらの育児、遊びをしてほしいですね。**

その後の精神的な支えに

わが家では、トランプもよく楽しみました。子どもが4人もいますから、ババ抜きも盛り上がりましたね。感情が顔に出てしまう子ども、ポーカーフェースで表情が変わらない子どもなど個性があって、見ていて面白かった！　中高生になっても、受験期以外は、ナポレオン、大貧民などの戦略を考えながら遊ぶトランプゲームをしました。ひとりで黙々と遊ぶテレビゲームや携帯ゲームではなく、家族で会話を楽しみながら遊んだ経験は、その後の精神的な支えになっていると思います。

黄金ルール 10

目指してみよう！ 能力を開花させる魔法の数字「1万」

東大理Ⅲに合格するくらいならば、もともと賢かったのだろうと思う方がいらっしゃいます。でも、**最初からできる子なんて、どこにもいません。**私の4人の子どもたちだって、同じです。

能力を開花させるにはどうするか。何度も繰り返して覚える。当たり前のことと思うかもしれませんが、学びに近道はありません。何でも積み重ねが大事なのです。**コツコツと積み重ねていけば、どんな子でも賢くなることはできるのです。**

ここで、わが家の〝魔法〟をお教えしましょう。「1万」という数字です。例えば、絵本を1万冊読み聞かせる、勉強を1万時間する、童謡を1万曲歌い聞かせるといったように、どんなことも**1万という数字を目安に積み重ねれば、人間の能力を開花させ**

ることができると私は思っています。

この魔法の数字に気づいたのは、長男が生後6カ月のときでした。公文式教室の見学で、「うた200、読み聞かせ1万、賢い子」という幼児教育のスローガンを知りました。「3歳までに絵本を1万冊読み聞かせ、言葉を通じたコミュニケーションをとると、子どもの言葉の能力と感性が育つ」のだそうです。「1万」という数字と「賢い子」という言葉が強烈に頭に残り、私は、すぐに実行しようと思いました。

帰宅後、主人と、「特定の分野で一流になるためには1万時間の練習や実践が必要だ」という「1万時間の法則」の話になりました。司法試験に合格するには1万時間の勉強が必要だということでした。**やはり、「1万」は魔法の数字なのです。**

そこで、わが家では、公文を応用して「3歳までに読み聞かせ1万冊、童謡1万曲」を実践することにしました。私ひとりでは大変なので、主人にも協力してもらいました。カラオケ好きの主人は、「2人で1万曲歌う！」と張り切っていましたね。

絵本は、生後半年で始めた長男の場合、3歳までの2年半に1万冊読むために、最初は「1日15冊」と決めました。15冊と聞くと、「多い！」と感じるかもしれませんが、赤ちゃん向けの絵本は短いので、すぐに読めます。「もう1回読んで」と言われて再度読んだら2冊とカウントします。

目標の1万冊を達成したのは、長男の3歳の誕生日の前日でした。記念すべき1万1冊目は、主人が読みました。読み終わった直後、主人が不思議そうに「ママ〜。何も変わらないよ」と言うんです。1万冊読んだ途端に、長男に急激な変化が表れると思っていたみたいですね（笑）。

「1万」という数字はあくまで目安。達成したからといって、変化が目に見えるわけではありません。でも、焦らないでください。私の子育ての経験では、1万の積み重ねが、のちのちさまざまなことを吸収するための学びの基礎や土台、感性を育てる素地をつくってくれていることがわかりました。

幼少期や成長期の積み重ねは、一生の宝物になります。身につけたことは簡単には忘れませんし、知識を蓄えるというより、知識を蓄えるための基礎や土台をつくるようなものですから、**人生のあらゆる場面で子どもたち自身を助けてくれるでしょう。**

思い返せば、童謡は、私も幼いころ、母によく歌ってもらいました。母親に歌ってもらった歌を子どもと一緒に歌ったり、遊び歌で一緒に遊んだり……。4人の子どもたちも親となったら、それぞれの子どもに歌って聞かせてほしいと思っています。童謡には、そうやって世代を超えて大事なことを残していける効果もあるのかもしれませんね。

焦らないでください

子どもはすぐには賢くなりません。人間の能力を開花させるのは積み重ねです。決して焦らないでくださいね。隣の子と比べないようにあなたの子どもだけを見て育ててください。積み重ねによって、どの子も賢く育てることはできるのですから。

黄金ルール 11

豊かな感性を育てる絵本の読み聞かせ

私の子育ての原点ともいえるのが、絵本の読み聞かせです。4人の子どもに対して「3歳までに1万冊」を実践しました。なぜ、そこまでする必要があったのか疑問に思う人も多いでしょう。それは、**子どもは、親の声を通じて言葉を学び、豊かな感性を育むと思ったから**です。それには、絵本の読み聞かせがピッタリなのです。**お母さん、お父さんの声だからこそ身につくものがあるのです。**

長男が生まれたとき、**子どもの耳にはまず、きれいな日本語を入れたい**と思いました。絵本には人間のいちばんいい部分が描かれています。それを心に響く言葉で紡いでいます。そういうものに、人生の最初に触れさせたいという思いがありました。結果として、1万冊の読み聞かせは、子どもの言葉や感性、優しさを育てることにつながったと思います。

わが子に読み聞かせをしたいと考えたとき、まず悩むのが絵本選びでしょう。最近は「失敗したくない」と慎重になる親御さんも少なくないみたいですね。新米ママだった私も最初は、書店にあるたくさんの絵本の中からどれを選べばいいかわかりませんでした。

そのとき参考にしたのが、「くもんのすいせん図書一覧表」です。これは、古今東西の名著などを、読みやすさのレベルごとに50冊ずつ、紹介したものです。まず一覧表にある200冊を購入して、それを足がかりに絵本の世界を広げていきました。シリーズもので1冊気に入れば、すべてそろえたり、その作家の別の作品を購入したりしました。

最初は自分に合わない本を手にすることや、良さがすぐには理解できない本もありました。でも、次第に目が肥えて、コツがわかってきましたね。**試行錯誤は大事です。失敗をおそれないでほしいと思います。**

参考までに、4人の子どもに読み聞かせた作品から、**おススメの絵本100冊を68ページから表にしました。**乳児から小学校低学年までの子どもが対象です。中でも、特に心に残っている本は次の3冊です。

『こんにちは』……長男が1歳半のときに次男が生まれ、赤ちゃん返りをした長男にせがまれて読みました。お母さん大好き、といった内容の絵本です。赤ちゃんにお母さんをとられたような感じがして、寂しかったんでしょうね。寝る前に読んだら、「もう一回」って何度も言うんです。読みながら正の字でカウントしていたら、長男が眠るまで一晩で54回も同じ本を読み続けていました。

『めっきらもっきら　どおんどん』……お化けが出てくるファンタジー。お化けが出たら、子どもたちはクモの子を散らすように逃げるんです。そして、柱の陰からおそるおそる見ています。だんだん近づいてきて、お化けが出たらまた逃げる。その様子がとってもかわいかったですね。

『そして、トンキーもしんだ』……戦時中の上野動物園のゾウの話。かわいそうで、号泣してしまいました。息子たちが5歳、4歳、2歳のときですが、3人とも、泣いている私をちゃかすことはなく、カチンと固まり、気持ちを察して絵本のほうをじっと見つめていました。親思いの優しい子どもたちだな、ってうれしく思いました。

振り返ると、やはり、**読み聞かせは子どもの言葉や感性、優しさを育てることにつながっていた**と改めて思います。

読み聞かせるときにも、子どもをひきつけるコツがあります。それを次の10カ条としてまとめてみました。

①表紙を見せて、タイトルもしっかり読んでください。ここで、子どもたちの「わくわく感」を高めます。

②ゆっくりと大きな声で読みましょう。句読点も意識します。

③楽しいときには楽しそうに、悲しいときには悲しそうに読みます。登場人物によって、声色を変えてみましょう。

④オチがある絵本も多いので、その前で、しっかりと間をとることが大事です。

⑤韻を踏んだ言葉は、リズムにのって読んでください。

⑥擬音語・擬態語が多いので、その部分を特に大きな声で読むなど工夫してみましょう。

⑦読み手も心から楽しんでください。

⑧絵本はそれだけで完成した作品。作者の創作意図を尊重し、勝手に説明などを入れることはやめましょう。

⑨大きなひらがなは、指でさすと覚えやすいです。

⑩ときどき、指でさしながら読むと、絵を楽しめます。

特に大切なのは、読み手が心から楽しむということです。童心に帰って、純粋に楽しみましょう。ひらがなや理屈などを無理に覚えさせようとすると、子どもは楽しめなくなるので、気をつけてください。

大人の心も豊かに

絵本は子どもだけではなく、大人の心も豊かにしてくれました。私にとって絵本を読んでいるときは至福のときでした。子どもたちのキラキラした反応を楽しんでいました。だから、1万冊の読み聞かせは無理をしたわけではありません。笑顔いっぱいの子育てをしていたら、たくさん読んだということです。

黄金ルール 12

読み聞かせで読解力が向上

絵本の読み聞かせをするときは、「子どもに字を覚えさせたい」といった親の下心は捨てて、楽しむことが大切とお話ししましたが、のちのち読み聞かせの経験が子どもの学校の勉強に役立ったこともありました。**国語の読解力の向上**です。

次男が小学校6年生のとき、国語が苦手で塾のテストの点数も悪く、心配しました。あるとき、テストの問題文に向田邦子のエッセー「手袋をさがす」が出されました。次男は、書き手の気持ちや状況が理解できないようでした。

子どもは人生の経験値が低い。だから、文章で表現されていることの意味がわからない。私が専業主婦だったので、次男は問題文に出てくるような働く女性のイメージが理解できなかったみたいなのです。

そこで私は、**国語の教材の読み聞かせをすることにしました。**声色を使って、登場人物の置かれた状況や気持ちを表現しました。読み聞かせを繰り返すうちに次男はテストでも点数がとれるようになり、国語が得意になりました。三男にも教材の読み聞かせをしていましたが、あるとき「ママもう読まなくていいよ」と言われてしまいました。私が読んでいるうちに、自分で読んで理解できるようになったようでした。

子どもは実際に経験をしていなくても、**母親の声を通して人生の経験値を高めることができる**のです。それに、絵本の読み聞かせが役に立ったのは言うまでもありません。

子どもの脳を育む読み聞かせ

佐藤ママ おススメの絵本100冊

0~2歳

①	くだもの	平山和子	福音館書店
②	やさい	平山和子	福音館書店
③	おにぎり	平山英三　平山和子・絵	福音館書店
④	もこ もこもこ	谷川俊太郎　元永定正・絵	文研出版
⑤	みんなうんち	五味太郎	福音館書店
⑥	きんぎょが にげた	五味太郎	福音館書店
⑦	さんぽのしるし	五味太郎	福音館書店
⑧	ぽぽぽぽぽ	五味太郎	偕成社
⑨	いないいないばあ	松谷みよ子　瀬川康男・絵	童心社
⑩	じどうしゃ	寺島龍一	福音館書店
⑪	バナナです	川端誠	文化出版局
⑫	おひさまあはは	前川かずお	こぐま社

③ 平山和子さんの絵はおいしそうに描かれています。これを読むと必ず、「おにぎりをつくって！」と大騒ぎでした

⑩ さまざまな種類の自動車が登場。息子たちは大好きでしたが、娘は全く興味なし。男の子におススメ

⑬	なにいろ？	本信公久	くもん出版
⑭	かおかお どんなかお	柳原良平	こぐま社
⑮	ねこが いっぱい	スカール　やぶきみちこ・訳	福音館書店
⑯	ぎったん ばっこん	なかえよしを　上野紀子・絵	文化出版局
⑰	こんにちは	渡辺茂男　大友康夫・絵	福音館書店
⑱	がたん ごとん がたん ごとん	安西水丸	福音館書店
⑲	くまさんくまさんなにみてるの？	マーチン　カール・絵	偕成社
⑳	コロちゃんはどこ？	ヒル　まつかわまゆみ・訳	評論社
㉑	おやすみ	なかがわりえこ　やまわきゆりこ・絵	グランまま社
㉒	たまごのあかちゃん	神沢利子　柳生弦一郎・絵	福音館書店
㉓	ゆうたはともだち	きたやまようこ	あかね書房
㉔	りんごがドスーン	多田ヒロシ	文研出版
㉕	しろくまちゃんのほっとけーき	わかやまけん　もりひさし　わだよしおみ	こぐま社
㉖	こぐまちゃんのうんてんしゅ	わかやまけん　もりひさし　わだよしおみ	こぐま社
㉗	おやすみなさい　コッコさん	片山健	福音館書店

㉔ 巨大なりんごが落ちてきて、たくさんの動物が登場する楽しい絵本。「ドスーン」を、大きな声で読むと、子どもたちは大喜び

2~4歳

- ㉘ このいろなあに　せなけいこ　金の星社
- ㉙ パオちゃんのかくれんぼ　なかがわみちこ　PHP研究所
- ㉚ いろいろたまご　山岡ひかる　くもん出版
- ㉛ もしもしおでんわ　松谷みよ子　いわさきちひろ・絵　童心社
- ㉜ トイレいけるかな　わらべきみか　ひさかたチャイルド
- ㉝ のってのって　くろいけん　あかね書房
- ㉞ ブータンいまなんじ?　わだよしおみ　ならさかともこ・絵　JULA出版局
- ㉟ 「ノンタン」シリーズ　キヨノサチコ　偕成社
- ㊱ ねずみくんのチョッキ　なかえよしを　上野紀子・絵　ポプラ社
- ㊲ かさ　太田大八　文研出版
- ㊳ るるるるる　五味太郎　偕成社
- ㊴ とりかえっこ　さとうわきこ　二俣英五郎・絵　ポプラ社
- ㊵ ぶたたぬききつねねこ　馬場のぼる　こぐま社
- ㊶ ロージーのおさんぽ　ハッチンス　わたなべしげお・訳　偕成社
- ㊷ かばくん　岸田衿子　中谷千代子・絵　福音館書店

㊳ 大空を飛ぶ飛行機のエンジン音を「る」で表現。「る」の文字をすぐ覚えます

㊵ しりとり遊びの楽しい絵本。しりとりが大好きになります

3~5歳

43	おとうさんだいすき	司修	文研出版
44	おまたせクッキー	ハッチンス　乾侑美子・訳	偕成社
45	あおくんときいろちゃん	レオーニ　藤田圭雄・訳	至光社
46	わたし	谷川俊太郎　長新太・絵	福音館書店
47	わたしのワンピース	にしまきかやこ	こぐま社
48	ぼちぼちいこか	セイラー　グロスマン・絵　今江祥智・訳	偕成社
49	ねこざかな	わたなべゆういち	フレーベル館
50	14ひきのあさごはん	いわむらかずお	童心社
51	なにをたべてきたの?	岸田衿子　長野博一・絵	佼成出版社
52	三びきのやぎのがらがらどん	ノルウェーの昔話　ブラウン・絵　瀬田貞二・訳	福音館書店
53	くじらだ!	五味太郎	岩崎書店
54	ゆきのひ	キーツ　木島始・訳	偕成社
55	しゅっぱつしんこう!	山本忠敬	福音館書店
56	たんぽぽ	平山和子　北村四郎・監修	福音館書店
57	だるまちゃんとてんぐちゃん	加古里子	福音館書店

72 朝食の匂いをさせながら、おかあさんの誕生日プレゼントのお花を摘みに行く女の子。これを読むと、目玉焼きをつくらされました。優しさいっぱいの絵本

55 大きな駅から特急列車に乗り、最後は普通列車で山間の小さな駅に着くまでを描いています。この絵本は娘もノリノリで、楽しそうでした

4〜6歳

58	あいうえおうさま	寺村輝夫　和歌山静子・絵	理論社
59	へびくんの おさんぽ	いとうひろし	鈴木出版
60	おやつがほーい どっさりほい	梅田俊作　梅田佳子	新日本出版社
61	わにわにのおふろ	小風さち　山口マオ・絵	福音館書店
62	はるです　はるのおおそうじ	小出淡　小出保子・絵	福音館書店
63	ぼくはあるいた まっすぐ　まっすぐ	ブラウン　林明子・絵 坪井郁美・訳	ペンギン社
64	「ねむいねむいねずみ」シリーズ	佐々木マキ	PHP研究所
65	そらまめくんのベッド	なかやみわ	福音館書店
66	キャベツくん	長新太	文研出版
67	ジャイアント・ジャム・サンド	ロード　安西徹雄・訳	アリス館
68	3びきのくま	トルストイ　バスネツォフ・絵 小笠原豊樹・訳	福音館書店
69	そらいろのたね	中川李枝子　大村百合子・絵	福音館書店
70	まあちゃんのながいかみ	高楼方子	福音館書店
71	おおきなおおきな おいも	市村久子・原案 赤羽末吉・作・絵	福音館書店

80 11匹のねこたちの冒険物語。わが道を行くねこたちに共感

81 こんは、あきを守るきつねのぬいぐるみ。絵が素晴らしくて、こんを触ってみたくなります。ストーリーも感動的

5~7歳

72	ふんふん なんだかいいにおい	にしまきかやこ	こぐま社
73	からすのパンやさん	かこさとし	偕成社
74	もりのおべんとうやさん	舟崎靖子　舟崎克彦・絵	偕成社
75	もりのかくれんぼう	末吉暁子　林明子・絵	偕成社
76	バムとケロのそらのたび	島田ゆか	文溪堂
77	おおきなかぶ	ロシアの昔話　トルストイ・再話　佐藤忠良・画　内田莉莎子・訳	福音館書店
78	めっきらもっきら どおんどん	長谷川摂子　ふりやなな・画	福音館書店
79	ふしぎなたけのこ	松野正子　瀬川康男・絵	福音館書店
80	「11ぴきのねこ」シリーズ	馬場のぼる	こぐま社
81	こんとあき	林明子	福音館書店
82	おたまじゃくしの101ちゃん	かこさとし	偕成社
83	しょうぼうじどうしゃじぷた	渡辺茂男　山本忠敬・絵	福音館書店
84	だってだってのおばあさん	佐野洋子	フレーベル館
85	ちいさいおうち	バートン　石井桃子・訳	岩波書店
86	こまったさんのスパゲティ	寺村輝夫　岡本颯子・絵	あかね書房

86 こまったさんシリーズはレシピがリアルなお料理童話。ハンバーグ、グラタン、オムレツなどがあります。お子さんと一緒につくってみては？

82 迷子の子どもたちをやっと見つけたお母さんがえるは、ざりがにと水かまきりに襲われて気絶。お母さんの苦労が気にかかります

87	スーホの白い馬	モンゴル民話 大塚勇三・再話 赤羽末吉・画	福音館書店
88	そして、トンキーもしんだ	たなべまもる かじあゆた・絵 小森厚・解説	国土社
89	カレーライスはこわいぞ	角野栄子 佐々木洋子・絵	ポプラ社
90	おさるはおさる	いとうひろし	講談社
91	ぞくぞく村のミイラのラムさん	末吉暁子 垂石眞子・絵	あかね書房
92	「かいぞくポケット」シリーズ	寺村輝夫 永井郁子・絵	あかね書房
93	ダーウィンのミミズの研究	新妻昭夫 杉田比呂美・絵	福音館書店
94	エンザロ村のかまど	さくまゆみこ 沢田としき・絵	福音館書店
95	わたしが外人だったころ	鶴見俊輔 佐々木マキ・絵	福音館書店
96	島ひきおに	山下明生 梶山俊夫・絵	偕成社
97	せいめいのれきし	バートン いしいももこ・訳 まなべまこと・監修	岩波書店
98	はたらきもののじょせつしゃ けいてぃー	バートン 石井桃子・訳	福音館書店
99	ぼくらの地図旅行	那須正幹 西村繁男・絵	福音館書店
100	絵で読む広島の原爆	那須正幹 西村繁男・絵	福音館書店

87 モンゴルの美しくも悲しい民話。読んだ数年後に、物語に出てきた「馬頭琴」の音を聞いて感動しました

88 戦時中の上野動物園のゾウの話。号泣せずには、読めません

黄金ルール
13

生きた教養は童謡から。お父さんの出番です

わが家のリビングにはテレビがなく、家のなかで聞こえる音といえば、童謡の歌声でした。私が母から童謡を歌ってもらったように、古きよき日本の歌を親から子に歌い継いでほしい。そんな思いで、子どもたちに、毎日、童謡を歌い聞かせていました。

なにより、**幼いころから、童謡や唱歌に親しむと、生きた教養を身につけることができるのです。**

日本には四季折々の美しさがあり、その光景を歌った曲も多くあります。例えば、『まっかな秋』もそうですね。

私が住む奈良にはお寺が多くて、秋は紅葉が美しい。紅葉の名所・正暦寺に行ったとき、この歌の2番に出てくるカラスウリを見つけ、子どもたちに教えると、「これ

残ります。

か〜」と感動していました。歌詞に出てきた植物や動物などを実際に見ると、記憶に残ります。

童謡の歌詞には、普段使わない言葉も出てきます。**歌の背景、歌に出てくる言葉などを親が子どもにわかりやすく説明すれば、語彙が増えるし、日本の伝統や文化、行事などを知ることもできます。**

わが家では、私と主人で1万曲を目標に歌っていました。前述した公文式教室のスローガン「うた200、読み聞かせ1万、賢い子」を勘違いしたのが始まりです。歌も1万曲だと思い込んでしまいました。あとで気づいたのですが、カラオケ好きの主人が「1万曲歌う！」と張り切っていたので、言えなくて……。

勘違いから始まった童謡の歌い聞かせですが、音楽の教科書から名曲が消えてしまっていることも、家庭で取り組もうと思ったもう一つの理由です。例えば、『村の鍛冶屋』『赤い靴』『村祭』『めだかの学校』『月の砂漠』などの名曲が、残念なことに現在、音楽の教科書から消えてしまいました。『村の鍛冶屋』は、鍛冶屋が減ったという理由で教科書から消えてしまったようです。仕事に打ち込む様子を歌った素晴らしい歌だと思うのに……。**「学校で日本の美しい光景や文化を表した歌を教えないのならば、私が教えよう！」**。そう、心に強く思ったのです。

童謡に親しむと、自然と語彙が増え、日本の伝統や文化などに対する理解も進みます。童謡に家庭で親しむときのポイントはお母さん、お父さんの声です。ＣＤをただ流すだけではダメなのです。お父さん、お母さんが歌ってください。これはとても大事なことです。音が外れていても、上手でなくてもかまいません。**お母さん、お父さんの声だから子どもは、いろんなことが身につくのです。**

いざ歌おうと思っても、どんな歌を歌えばいいのか、迷う親御さんもいるでしょう。参考までに83ページから89ページまでに、わが家で歌った1万曲の中からおススメの童謡１００曲を選んで載せています。

私の場合、まず、くもん出版の「くもん式の母と子のうたカード」（1～3集）と、別売りのカセットテープを購入しました（現在販売されているのは「CD付き童謡カード」）。うたカードの表面には絵、裏面には歌詞が書かれていました。1万曲を達成するために「日本の歌100選」や、安田祥子・由紀さおり姉妹の童謡集なども購入し、気に入った童謡は、くもんのうたカードと同じ大きさの紙を用意して、絵を描き、歌詞を書いて、うたカードを作りました。

1万曲を達成するために、1日15曲を目安として、天気や予定によって調整。歌い終わったらうたカードをプラスチックの箱に入れてカウントしていました。

部屋や車の中で流したCDなどはカウントしませんでした。一度、由紀さおりさんのCDを聞かせたこともありますが、プロの歌は上手すぎて、あまり子どもたちは反応しませんでした。BGMになってしまうようです。**おなかにいるときから聞いているお母さん、お父さんの声だからこそ、子どもの心に響くのです。**

「歌は得意じゃないから」と敬遠せず、ぜひ歌ってあげてください。特に、お父さんに歌ってほしいですね。育児に協力するチャンスだし、お父さんの絶好の出番です。

主人は、子どもたちが好きだった『地下鉄』の音程をうまくとれず、必ず数カ所でずれていました。対策として、うたカードの歌詞の部分に音程が上がる、下がるなどの独自の記号を書きこんだんですが、それでも、間違えるのです（笑）。でも、今となってはいい思い出です。「お父さんはここでよく音程を外していたよね」と、家族が集まったときの語り草になっています。

童謡はコミュニケーションのツール

玄関を入ってすぐの柱には、『背くらべ』の歌詞と同じように、子どもたちが背を比べた傷が今も残っているし、子どもの日にこいのぼりを揚げたときには、『こいのぼり』の歌詞と違ってわが家のこいのぼりは、「屋根よりひ〜く〜い、だよね」と笑い合いました。思い出になれば、童謡もその家のオリジナルの歌になるんです。主人は『おかあさん』を歌うとき、「おかあさんっていいにおい」のところを「おとうさんっていいおとこ」と替え歌にしていました（笑）。童謡は親子のコミュニケーションのツールでもあり、心も豊かになると思います。親も楽しみながら歌うことが大切です。

黄金ルール

14

童謡は学校の勉強にも役に立つ

幼いころから童謡に親しむことは、教養が身につくだけではなく、学校の勉強にも役に立ちます。

例えば、国語のテストの問題に『赤とんぼ』の歌詞が引用されていたことがあります。また、教科書から消えてしまった『待ちぼうけ』は、中国の『韓非子五蠹篇』のなかにある説話を歌ったもので、漢文に出てきます。

同じように教科書から消えた『夏は来ぬ』の「来ぬ」の「来《き》」はカ行変格活用動詞「来《く》」の連用形、「ぬ」は完了の助動詞「ぬ」の終止形です。子どものころに「夏が来た」という意味だと伝えておくと、古文で習ったときにも理解が早い。また、中学で英語の現在完了形の概念を学ぶときにも、「小さいころ歌ったよね」と教えました。

意外かもしれませんが、**特に役立ったのが理科です。**実は、息子たちは植物や昆虫に関する問題が苦手でした。そこで、先ほどのカラスウリの例のように、歌に出てくる植物を実際に見せるようにしました。

庭にチューリップの球根を植えるときには、子どもたちにも手伝わせ、『チューリップ』の歌詞通り、赤、白、黄色の順に植えました。

『虫のこえ』には、マツムシ、鈴虫、コオロギ、ウマオイの鳴き声が出てきます。実際に、昆虫の鳴き声に関する問題がテストに出たときには、息子は「心のなかでこの歌を歌いながら解答した」と言っていました（笑）。

また、**童謡のメロディーやリズムが、暗記に役立つこともあります。**高校生になったとき、中国王朝の名前を覚えるときに役立ったのが『アルプス一万尺』です。軽快なメロディーにのせて中国の王朝名が覚えられる「替え歌」があるんですが、4人の子ども全員が、子どものころに歌っていたおかげですんなり覚えられたようです。

子どもが賢く育つ

佐藤ママ　おススメの童謡100曲

ジャンル	曲名	作詞者	作曲者	歌い出し
春	みかんの花咲く丘	加藤省吾	海沼実	みかんの花が咲いている
	春が来た	高野辰之	岡野貞一	春が来た春が来たどこに来た
	春の小川	高野辰之	岡野貞一	春の小川はさらさら行くよ
	茶摘み	文部省唱歌	文部省唱歌	夏も近づく八十八夜
	朧月夜	高野辰之	岡野貞一	菜の花畠に入日薄れ
夏	夏の思い出	江間章子	中田喜直	夏が来れば思い出す
	夏は来ぬ	佐佐木信綱	小山作之助	卯の花の匂う垣根に
	花火	井上赳	下総皖一	どんとなった花火だきれいだな
秋	ちいさい秋みつけた	サトウハチロー	中田喜直	誰かさんが誰かさんが誰かさんが
	まっかな秋	薩摩忠	小林秀雄	まっかだなまっかだな

十五夜お月さん	野口雨情	本居長世	十五夜お月さん
村祭	不詳	南能衛	村の鎮守の神様の
里の秋	斎藤信夫	海沼実	しずかなしずかな里の秋

冬

スキー	時雨音羽	平井康三郎	山は白銀朝日を浴びて
たきび	巽聖歌	渡辺茂	かきねのかきねのまがりかど
ペチカ	北原白秋	山田耕筰	雪の降る夜は楽しいペチカ
春よ来い	相馬御風	弘田龍太郎	春よ来い早く来い
雪	文部省唱歌	文部省唱歌	雪やこんこ霰やこんこ
雪の降る町を	内村直也	中田喜直	雪の降る町を雪の降る町を
北風小僧の寒太郎	井出隆夫	福田和禾子	北風小僧の寒太郎

遊び歌

いとまきのうた	香山美子	小森昭宏	いとまきまきいとまきまき
おはなしゆびさん	香山美子	湯山昭	このゆびパパふとっちょパパ
おべんとうばこのうた	香山美子	小森昭宏	これくらいのおべんとばこに
げんこつやまのたぬきさん	香山美子	小森昭宏	げんこつやまのたぬきさん
鞠と殿さま	西條八十	中山晋平	てんてん手鞠てん手鞠
むすんでひらいて	不詳	ルソー	むすんでひらいて

	手をたたきましょう	小林純一（訳詞）	外国曲	手をたたきましょうタンタンタン
	大きな栗の木の下で	不詳	イギリス民謡	大きな栗の木の下で
わらべうた	あんたがたどこさ	わらべうた	わらべうた	あんたがたどこさ肥後さ
	うさぎ	わらべうた	わらべうた	うさぎうさぎなにみてはねる
	おおさむこさむ	わらべうた	わらべうた	おおさむこさむ山から小僧が
	かごめかごめ	わらべうた	わらべうた	かごめかごめかごのなかのとりは
	ずいずいずっころばし	わらべうた	わらべうた	ずいずいずっころばし
	はないちもんめ	わらべうた	わらべうた	ふるさとまとめてはないちもんめ
	ひらいたひらいた	わらべうた	わらべうた	ひらいたひらいたなんの花がひらいた
	ほたるこい	わらべうた	わらべうた	ほうほうほたるこい
昔話	きんたろう	石原和三郎	田村虎蔵	まさかりかついできんたろう
	桃太郎	不詳	岡野貞一	桃太郎さん桃太郎さん
子ども	サッちゃん	阪田寛夫	大中恩	サッちゃんはねサチコっていうんだ
	靴が鳴る	清水かつら	弘田龍太郎	お手《てて》つないで野道を行けば
	赤い靴	野口雨情	本居長世	赤い靴はいてた女の子
親子	あめふり	北原白秋	中山晋平	あめあめふれふれかあさんが

家族	おかあさん	田中ナナ	中田喜直	おかあさんなあに
	肩たたき	西條八十	中山晋平	母さんお肩をたたきましょう
	花嫁人形	蕗谷虹児	杉山長谷夫	きんらんどんすの帯しめながら
	故郷	高野辰之	岡野貞一	兎追いしかの山
	大きな古時計	保富康午（訳詞）	ワーク	おおきなのっぽのふるどけい
	背くらべ	海野厚	中山晋平	柱のきずはおととしの五月五日の
玩具	おもちゃのチャチャチャ	野坂昭如 吉岡治（補作）	越部信義	おもちゃのチャチャチャ
	青い眼の人形	野口雨情	本居長世	青い眼をしたお人形は
	しゃぼん玉	野口雨情	中山晋平	しゃぼん玉とんだ
行事	うれしいひなまつり	サトウハチロー	河村光陽	あかりをつけましょぼんぼりに
	お正月	東くめ	滝廉太郎	もういくつねるとお正月
	こいのぼり	近藤宮子	不詳	やねよりたかいこいのぼり
	たなばたさま	権藤はなよ 林柳波（補作）	下総皖一	ささの葉さらさらのきばにゆれる
仕事	村の鍛冶屋	文部省唱歌	文部省唱歌	しばしも休まず槌うつ響き
	森の水車	清水みのる	米山正夫	緑の森の彼方から

自然	アルプス一万尺	不詳	アメリカ民謡	アルプス一万尺
	ふじの山	巌谷小波	不詳	あたまを雲の上に出し
	雨降りお月さん	野口雨情	中山晋平	雨降りお月さん雲の蔭
	海	林柳波	井上武士	うみはひろいなおおきいな
	月	文部省唱歌	文部省唱歌	出た出た月が
	荒城の月	土井晩翠	滝廉太郎	春高楼の花の宴
	牧場の朝	文部省唱歌	船橋榮吉	ただ一面に立ちこめた
	夕やけこやけ	中村雨紅	草川信	夕焼小焼で日が暮れて
	夕日	葛原しげる	室崎琴月	ぎんぎんぎらぎら夕日が沈む
植物	さくらさくら	日本古謡	日本古謡	さくらさくらのやまもさとも
	チューリップ	近藤宮子	井上武士	さいたさいたチューリップのはなが
	花	武島羽衣	滝廉太郎	春のうららの隅田川
	もみじ	高野辰之	岡野貞一	秋の夕日に照る山紅葉
	椰子の実	島崎藤村	大中寅二	名も知らぬ遠き島より
	りんごのひとりごと	武内俊子	河村光陽	私は真っ赤なりんごです
動物	アイアイ	相田裕美	宇野誠一郎	アイアイアイアイおさるさんだよ

あめふりくまのこ	鶴見正夫	湯山昭	おやまにあめがふりました
かえるの合唱	岡本敏明(訳詞)	ドイツ民謡	かえるのうたがきこえてくるよ
かもめの水兵さん	武内俊子	河村光陽	かもめの水兵さん
ぞうさん	まどみちお	團伊玖磨	ぞうさんぞうさんおはながながいのね
どんぐりころころ	青木存義	梁田貞	どんぐりころころどんぶりこ
めだかの学校	茶木滋	中田喜直	めだかの学校は川の中
やぎさんゆうびん	まどみちお	團伊玖磨	白やぎさんからお手紙ついた
月の砂漠	加藤まさを	佐々木すぐる	月の砂漠をはるばると
犬のおまわりさん	さとうよしみ	大中恩	まいごのまいごのこねこちゃん
七つの子	野口雨情	本居長世	烏なぜ啼くの
証城寺の狸囃子	野口雨情	中山晋平	証証証城寺証城寺の庭は
赤鼻のトナカイ	新田宣夫(訳詞)	マークス	真っ赤なお鼻のトナカイさんは
待ちぼうけ	北原白秋	山田耕筰	待ちぼうけ待ちぼうけ
鳩	文部省唱歌	文部省唱歌	ぽっぽっぽ鳩ぽっぽ
お猿のかごや	山上武夫	海沼実	エッサエッサエッサホイサッサ
山寺の和尚さん	不詳	服部良一	山寺の和尚さんが

虫	かたつむり	文部省唱歌	文部省唱歌	でんでんむしむしかたつむり
	ちょうちょう	野村秋足	外国曲	ちょうちょうちょうちょう
	とんぼのめがね	額賀誠志	平井康三郎	とんぼのめがねは水いろめがね
	黄金虫	野口雨情	中山晋平	黄金虫は金持ちだ
	赤とんぼ	三木露風	山田耕筰	夕やけ小やけの赤とんぼ
	虫のこえ	文部省唱歌	文部省唱歌	あれ松虫が鳴いている
乗り物	地下鉄	名村宏	越部信義	地下鉄はいつも真夜中
	汽車	不詳	大和田愛羅	今は山中今は浜
	汽車ポッポ	富原薫	草川信	汽車汽車ポッポポッポ
	電車ごっこ	井上赳	信時潔	運転手は君だ車掌は僕だ
別れ	蛍の光	稲垣千頴	スコットランド民謡	ほたるの光窓の雪

黄金ルール 15

英語より、ひらがな、九九、一桁のたし算。就学前にやって損はない

「よみ、かき、そろばん」がいつの時代も最も重要だというお話は、先ほどしました。センター試験をはじめ、受験の制度や学校教育の方針など世の中はどんどん変わっていくように見えますが、**人間の基礎となることは変わりません。**

やはり、就学前に子どもにやらせて損はないのが、「よみ、かき、そろばん（計算）」です。

これが必要なのは、将来、お子さんを難関大学や医学部に進学させたいと思っているような親御さんたちだけではありません。この基礎の上に勉強が成り立つのですから、すべてのお子さんにおススメしたいと思います。具体的には、**ひらがなを読んで**

書ける、一桁のたし算ができる、九九の暗唱ができるようになるといいですね。

土台づくりですから、**「よみ、かき、そろばん」を始めるのに、早すぎるということはないのです。**

わが家の場合は、4人とも1歳ころから公文の教室に通い始め、読み、書き、計算の基礎学力をつけました。私の子どもたちにとっては、公文は年齢や学年に関係なく、自分のペースで進められるのがよかったですね。4人とも算数や数学が得意科目になったのは公文のおかげだと思っています。

この時期のお子さんはほめて伸ばしてあげましょう。幼い子どもはお母さんにほめられるのがとてもうれしいものです。ほめられるとやる気になり、楽しく学ぶことができます。

もちろん公文に限らず、自宅でひらがなや計算のドリルをさせてもいいですね。**とにかくほめて、気持ちよく取り組ませることが大事です。**

九九については、掛け算の意味を理解できない年齢で覚えることへの批判もあります。でも、覚えやすい年齢のうちに楽しく必要なことを身につけさせることは悪いことでしょうか。

わが家では、４人の子ども全員が、九九を歌で覚えました。当時、カセットテープで販売されていた九九の歌があり、それを家族で楽しく合唱しているうちに、３、４歳で自然と覚えてしまいました。**子どもは歌えるようになれば、メロディーとリズムにのせて苦労せずに覚えられるのです。「ぞうさん」が歌えるようになったら九九にチャレンジしてみましょう。**

そのときに掛け算の理屈や意味がわからなくてもいいと私は思います。**理屈や意味はあとからでもきちんと理解できますから。理論と実践のバランスが重要なのです。**

英語について、悩んでいる方も多いでしょう。早期の英語教育については、さまざまな意見がありますが、**私は早期の英語教育は必要ないと考えています。まずは、日本語を読む、書く、話すといった能力を徹底的に伸ばすことに時間を使った方がいいと思います。**

思考力は母語で養います。それは、設問を読んで理解する力につながりますから、「読み」「書き」をおろそかにしてほしくないと思います。

子どもには知的好奇心が備わっています。お母さん、お父さんがお子さんの興味がありそうな話をして、日常会話のなかからも、日本語力を鍛えていくといいでしょう。

好奇心がしぼまないように

子どもと公園や散歩などに出かけるときには、持ち歩けるサイズの植物図鑑や植物事典を持っていきましょう。子どもは好奇心が旺盛で、植物の名前を聞くこともあります。子どもに「これはなあに？」「どうして○○なの？」と聞かれたときに、「わからない」「今忙しいからあとで」と答えると、膨らんだ子どもの好奇心はしぼんでしまいます。もちろん、即答できないこともあるでしょう。そんなときには図鑑や事典やネットなどで調べてください。その様子を見て、子どもは「わからないことは調べる」という姿勢を学びます。お子さんの知的好奇心を伸ばしてあげられるかどうかは、親御さんにかかっています。

第3章

成績がぐんぐん伸びる！小中学生の宿題・テストのサポート術

黄金ルール

16〜26

黄金ルール

16

子どものやる気を引き出すのは、親のあなたです！

子どもの勉強について、親御さんがよく口にするのが、「やる気がない」「集中力がない」「続かない」といった悩みです。それはお子さんの努力が足りないのでしょうか。

いいえ。**お子さんが悪いのではありません。**その原因はお子さんではなくて、親であるあなたにあります。子どもが育たないのは子どもに問題があるのではなく、たいていは大人が原因です。**子どもがやる気を出すようにするためには、親が子どもを導く必要があるのです。**

私たち大人も、自分の得意なこと、楽しいことをするときにはやる気が出て、何時間でもやっていられます。でも、わからないこと、苦手なことをやるときには、なかなかやる気が出ないし、集中力も続きませんよね。子どもも同じです。

基本的には子どもは勉強が嫌いでやりたくありません。でも、勉強がわかれば、楽しいものになり、子どもは勉強をするようになります。**まずは、小さなことでいいので、成功体験を与えることです。**

小学校に入るとテストがあります。**やはりテストでいい点数がとれると子どもはうれしいものです。**テストの点数が悪いと、やる気が出ません。そのとき、ただ単に「もっと勉強しなさい」と言っても、子どもは具体的に何をすればいいのかわかりませんよね。目の前にある問題がわからないのだから、やる気も出るはずがありません。

基本的に、子どもは勉強について、何から始め、何をどのくらいやればいいかがわかっていないものだと思ってください。親が具体的に示してあげてください。

例えば、来週漢字のテストがあるならば、テストまでに7日間で何個漢字を覚えるべきか、親が把握して、「これくらいだったら、毎日できるし、そうしたらテストまでに覚えられそうだよね。やってみようか」と、**その日その日に子どもがやるべきことを具体的に示してあげてください。**

小さな成功体験でやる気スイッチが入りますから、まずは得意科目に力を入れていい

点をとりましょう。その成功体験がうれしくて、ほかの科目もがんばるようになります。いい点数をとれると勉強が楽しいものになり、進んで勉強するようになりますよ。

わかるようになると集中力も出てきます。でも、その集中力がなかなか続かないお子さんもいるかと思います。

わが家では三男が小学生だったとき、15分しか集中できませんでした。ですから、15分でできそうな問題を用意して、キッチンタイマーをセット。たとえ解答途中でも時間がきたらやめさせて、違う教科の問題を解かせました。時間切れになって途中でやめた問題は、時間をあけるとまた一から解かなくてはいけないので、そんなことがないように急いで解くようになり、集中力がつきました。

子どもは何をどうすればいいのかわかれば、勉強に取り組めるようになります。わかるようになれば、やる気が出て、集中力もつき、成績が上がります。そうすると楽しくて勉強し、さらに成績が上がる。そうなれば好循環ですよね。一方、どうやって勉強をすればいいのかわからない子は、勉強に集中できなくて、続かず、結果が出ません。楽しくないと、やはり勉強しなくて、成績が悪くなる。このような悪循環に陥ってしまうと大変です。

どちらになるかは、親が子どもをどのように導くかにかかっています。

苦手科目でやる気を失わないために

点数が悪い苦手科目のテストの見直しを延々とやっていると、勉強が嫌いになってしまいます。すべてを見直さず、思い切って捨てる勇気が必要です。時間がかかりそうなときには、親が判断して、あと少しで得点できた問題や絶対に得点しないといけない問題を2問くらいだけ選んで見直しをすることがおススメです。数問ずつ見直していく方法を繰り返していくうちに、少しずつ点がとれるようになってきます。少しずつでも成果が得られると、子どものやる気はアップしますよ。

黄金ルール 17

「しっかりして」「がんばって」は禁句。子どもには負担です

子育て中には、親が子どもに対して言わない方がいいNGワードがいくつかあります。感情的になってついロにしてしまうようなきつい表現だけでなく、親はよかれと思って言った言葉でも、子どもの負担になり、プレッシャーに感じてしまうこともあります。

その**代表格が「しっかりして」「がんばって」といった励ましの言葉です。精神的な応援は子どもには負担になるのです。**

具体性もなく、ただ「がんばって」と言われても、親は子どもに自分の気持ちを伝えた気になるとは思いますが、子どもは何をすればいいのかわかりません。**「しっかりして」「がんばって」という言葉は親の自己満足**だと私は思います。

子どもは子どもなりにがんばっているのに、親が「がんばって」と言うと、子どもを追い詰めてしまうことになります。**いつもいつも「がんばって」と言われていると、子どもは嫌な気分になってしまいます。**

もし、親の気持ちを伝えたいならば、ここぞというときに一度だけ「がんばって」と言うのがいいのではないでしょうか。

私は、ずっと子どもたちに「がんばって」と言いませんでしたが、子育ての集大成の日に一度だけ、言いました。東京大学の入試の日です。4人の子どもたちが2次試験を受けるときには、一緒にホテルに泊まり、本番の日、東大の門まで一緒に行きました。東大の門をくぐるときに初めて、「がんばって」と声をかけました。

親として大学受験までできるサポートはやって、子どもも一生懸命勉強に打ち込みました。もう親子でやれることは全部やった、そういう状況下で最後にポンと気持ちを渡しました。そして、門をくぐる子どもの姿を見送ったのです。

「ほめて伸ばす」という言葉がありますが、過度なほめ言葉もNGだと考えています。

子どもたちが幼いころには、なんでもほめて伸ばすようにしてきましたが、**テストを受けるようになってからは、いい点をとってもあまりほめないようにしました。**

テストの点数は、いいときもあれば悪いときもあるからです。普段、点数がいいときにほめて、点数が悪いときに黙ってしまうと、子どもたちは悲しい思いをしてしまいます。

だから、**いいときも悪いときも同じテンションでいることを心がけました。**母親のスタンスは、いつも変わらない態度で温かく見守る。お子さんの学校のテストや模試の点数などが気になるとは思いますが、一喜一憂せずに、いつも淡々としていてください。

点数が悪かったときも、「どうしてできないの？」と怒ったり、ガッカリしたりせず、「弱点がわかってよかった」と前向きに考えましょう。また、成績がなかなか上がらないときや試験直前には、お母さんが不安になって、つい「大丈夫？」と言いたくなるかもしれません。でも、絶対に言わないでください。お母さんが不安に思っていることを口にしたり、不安そうな表情を見せたりすると、お子さんも不安になってしまい、勉強にいい影響はありません。

「もっと勉強しなさい」もつい言いたくなる言葉だと思いますが、NGワードです。この言葉を言われて不快に思わないお子さんはまずいないと思います。「勉強しなさい」ではなく、例えば、来週のテストの出題範囲が10ページ分あるならば「毎日2ページずつ、夜の7時から7時半までお母さんと一緒にやろうね」と、何をどれくらい勉強すればいいのかを数字で具体的に示してください。

「がんばって」「しっかりして」という叱咤激励よりも、具体的な提案で子どもを導いてあげましょう。

きょうだいとは比べない

大事なことをもう一つ。絶対に口にしてはいけないのが、成績を兄弟姉妹や友達と比較するような言葉です。親が思っている以上に、子ども自身が意識しています。実は現状をよくわかっているのです。それに追い打ちをかけるような親の言葉は、子どもの心を深く傷つけてしまいます。

黄金ルール 18

テスト勉強や宿題を子どもに丸投げしない。親の関わり方を見直そう

テストの点は結果の数字にすぎませんから、悪くても親御さんはガッカリしすぎないでください。点数について子どもを責めたり、怒ったりしてはいけません。**結果の点数について嘆くよりも、テストの前に、子どもに対して関わり方が足りなかったと反省すべきなのです。**

今回、目標点に届かなかったら、その分、次のテストの前に子どもの勉強に関わってあげてください。

子どもにはまだ計画性が備わっていません。毎日どの科目のどの分野をどのくらいやればいいのかがわからないのです。だから、**親御さんがスケジュール管理をしてあげましょう。**

特に、中学受験をする場合には、子どもはまだ小学生。自分ではうまく計画が立てられないと思いますので、親がテストの結果を把握し、塾のテストのスケジュール、受験する学校の試験日などを確認して、いつ何をやるかについて日々の計画を立ててあげてください。定期テストや模試、高校受験、大学受験も同様です。親がテストまでに何をやるかの計画を立てることが重要です。

もちろん、自分で計画を立てられる子どももいます。ただ、お子さんが計画を立てたとしても、子どもに丸投げして、任せっぱなしにしてはいけません。学校のテストや模試の結果はお母さんがきちんとチェックして、結果が出ていないようならば、一緒に計画を立て直してください。**常に子どものテストの解答用紙を丁寧にチェックしていれば、子どもの苦手な分野もわかってきます。**

子どもにとって計画を立てる作業はなかなか大変で、時間がかかります。できれば親御さんが、日々やることを決めてあげるといいですね。帰宅した子どもは、何をやればいいかを考える必要がなく、時間を有効に使えます。

私は、定期テストの日程が発表になったら、子どもたちから試験範囲を聞いていました。４人の子どもたちそれぞれに勉強計画ノートを作り、やる時間とやる内容を記入しました。予定通り終わったらマルをつけていたため、予定通り進んだかどうかが一目でわかります。その進捗状況を見て、翌日、勉強計画を調整しました。

必要なことを具体的に書いておくと、親も頭の中を整理できます。テストの点数が悪かったという過去を、未来に生かすことができます。それに、メモを見れば、**子どもたちに対して感情的にならなくてすみます。**

子どもが４人いて、私自身も用事があるため、学校の定期テストや模試、学校行事などのスケジュールは、自分の手帳にも書き込んで管理しました。子どもたちの予定を見やすいように、手帳は1日1ページを5段に分けて、上から順に長男、次男、三男、長女、私の予定を記入しました。その予定を見ながら、私の行動を決めていました。

また、先々の予定が一目でわかるように、大きなカレンダーを子どもたちの机の前に2カ月分並べて貼りました。**今月だけではなく、来月の予定も同時に見えることが**

ポイントです。 翌月にテストがある場合、今月分しか貼っていないと、その月が終わってカレンダーをめくった途端に「テストまで日にちがない！」と焦ってしまいますから。予定がわかれば、どんどん記入して、常に翌月末までのスケジュールを把握できるようにしました。

このようにして、お子さんのスケジュール管理から始めてみてください。テストの点が悪いと嘆いている親御さんは、テストの前のお子さんの勉強に関わってあげてください。

もし、すぐに結果が出なくても、**「もう少しこうすればよかったな」という反省から、次のテストに向けて何をすべきかがわかってきます**から。それを繰り返すうちに結果はおのずとついてきますよ。

子どもが大学生になっても

この「カレンダー2カ月分貼り」ですが、実家を出てからも子どもたちは実行しています。私が「やりなさい」と言ったわけではないのですが、「常に1カ月先のスケジュールがわかって便利！」と、子どもたちに好評です。子どもたちの勉強のサポートのために始めた習慣を、子どもたちが自分の意思で実行してくれているのはうれしいですね。

黄金ルール

19 急がば回れ。テストの点数が悪かったら、勇気を持って戻る

子どものやる気が出ない、集中力が続かないときは、注意が必要です。お子さんは自分の学年の問題が理解できていないかもしれません。

子どもがやる気にならないのは、目の前の問題がわからないからです。わからないことが多すぎるときには、「急がば回れ」で、**思い切って理解できるレベルまで戻ることが必要です。わかるようになれば、自然とやる気が出てきます。**

算数がかなり遅れているお子さんは、例えば、小学5年生なら小3の教科書に戻ってみるといいでしょう。2年前の教科書なら易しく感じるはずです。「下の学年の教科書に戻るなんて、時間がもったいない」とか「2年前の教科書に戻るなんて恥ずかしい」なんて思わないでください。わからない教科書で勉強して、やる気が出ず、勉

強がなかなか進まない方がロスタイムになります。18歳までの時間は限られていますよ。

算数のように、以前学んだことがわかっていることを前提に、積み重ねでだんだん難しくなっていく科目は、わからなくなっているところまで戻ることが鉄則です。

お子さんが高校生でも、「数学や英語が苦手でよくわからない」という場合には、中学1年の初めに戻りましょう。**教科書を読み直してもいいですが、おススメは簡単にまとめた薄い参考書や問題集です。**「ここはわかっていると思う」といって飛ばしたりせず、必ず全部やり通しましょう。わかっているつもりでも知識が抜けていたり、実はわかっていないこともありますから。

最初から順に進めていると、どこから理解できなくなったかがわかります。よくわかっていない場所を発見したら、理解できるまで丁寧に勉強させてください。

高校生が中学校の英語や数学に戻るのは、本人も親もあまり気が進まないかもしれません。でも、そんなことを言っている場合ではありませんよ。**18歳までの時間は意外と短いのです。プライドを捨てて、中学校まで戻る勇気を持ってほしい**ですね。

そこまで勉強が遅れていなくても、誰にでも苦手分野はあると思います。苦手分野を発見したときも同じで、必ず理解できるところまで戻ることです。勉強はやはり「急がば回れ」で、基礎固めをすることが、その後の学力の伸びにつながります。

わからなくなったら必ず戻る。**勉強は積み重ねですから、戻ってやり直した時間は決して無駄にはなりません。**

黄金ルール
20

こうすれば意欲がわく。子どもの達成感を演出する3つのコツ

子どものやる気スイッチを入れたい！と思ってはいるけれど、その方法に悩んでいませんか。**子どもにやる気を出させるポイントは達成感の演出です。**達成感があると、意欲がわき、やる気が出てくるのは大人も子どもも同じです。お子さんが勉強への意欲を持てるようにするために、ぜひ、達成感を味わわせてください。

具体的な方法として、私の経験から三つの方法をご紹介します。

1　宿題は一度にやろうとしない。分割し、予備日を設ける

宿題は計画的にやらないと、提出日の前日に慌ててバタバタとやることになり、間に合わなかったり、見直しができなかったりします。宿題をやっていかないと、学校

や塾で叱られたり、肩身の狭い思いをしたりします。また、とりあえずやっただけでは、見直しもできず、理解が不十分になります。前日に慌てて宿題をしていると、勉強がさらに嫌いになり、学校や塾に行きたくなくなることもあります。

宿題は、1日でやろうとしないで、2日か3日に分割して計画的に進めてください。予備日を設けることもポイントです。

子どもたちは小3の2月から中学受験塾に通いましたが、最初の1年は国語、算数、理科が週に1回でした。それぞれの科目の塾に行く前日を予備日にし、宿題を三分割して、予備日の前の3日間でやることにしました。例えば、毎週水曜日に塾がある算数で12問の宿題が出たとします。火曜日が予備日で、土、日、月の3日間、毎日4問ずつ解きます。予備日の火曜日には、全部をざっと見直して、難しかった問題をやり直します。

このようにして**計画的に解くと、必ずやり終えることができて、それだけで達成感が得られます。**予備日に見直しをする余裕もあるため、準備万端。翌日の復習テストが楽しみになり、やる気が出ます。

2　問題集、単語集は途中で挫折しないために、やる順番を工夫する

みなさんが子どものころ、問題集や単語集を途中まではやったけど、最後まで終えることができなかったという経験はありませんか？　誰もが、最後までやり終えたいと思いつつも、そこまでいかずに挫折することは多いものです。

長男が中学1年で百人一首を覚えるとき、1から覚えることはせず、後半から覚えていきました。百人一首は前半に有名な歌が多く出てきます。ですから、51から100までを最初に覚えさせました。1から順番に覚えていくと100の歌までは長い道のりですが、途中の51からだと半分の道のりで最後の100に到達します。不思議なもので、100番目の歌を覚えるときにはちょっとした達成感があります。

1から順番に覚えて100に到達するのも100、後半を先に覚えてその後、前半を覚えるのも100ですが、同じ100覚えるなら、**途中で達成感を味わって覚える方が挫折しにくいと思います。「見たい！」と思っているゴールを早めに見せてあげるの**

がコツです。

後半を先にやった後、前半をやる方法のほかに、問題を飛ばしながら最後を目指す方法もあります。1、11、21……、2、12、22……、3、13、23……などと飛ばしながら、最後までやるのです。1から順番に解いていくよりも早く、最後の問題に到達できるので、達成感を得ることができます。

3　小テストでいい点をとる

テストには、漢字や英単語、計算などの小テスト、定期テスト、実力テスト、模試などさまざまな種類があります。このなかで最も範囲が狭く、やればできるのが小テストです。親御さんが横にいて、漢字や英単語、計算などをさせて、ちゃんとできているかチェックしてあげましょう。

最短の時間ですぐに効果が出るため、簡単に達成感が得られます。**ハードルの低いものでも、「できた」という経験は子どもの自信につながります。**いい点をとるという経験をさせてあげましょう。また、小テストの勉強をきちんとすることによって、勉強の習慣と基礎力が身につきます。

次男の経験から

古文が苦手だった次男は高校3年のとき、古文の単語集を覚えながら、「最後の単語に出合うのが夢」と言ったことがあります。その言葉を聞いたとき、次男が古文単語を覚えるときに、長男が百人一首を覚えたときの方法を実践し、まず、まん中から最後の単語までやり、次に1番目の単語からまん中までやりました。夢だった最後の単語に早めに出合えたこともあり、やる気が出て1冊を短期間でやり終えることができました。

黄金ルール

21

寝る時間は厳守。ノルマが残っていても寝る

子どもが眠そうにしているときに勉強をさせるべきなのか――。

このような睡眠と勉強についての質問は、子育て中の親御さんからよくたずねられることの一つです。毎日しっかり勉強してほしいと思いつつ、眠そうにしている子どもを目の前にすると「かわいそうかな」と思ってしまうものですね。そんなときは、寝かせてあげていいと私は思っています。

基本的に、寝る時間は厳守してください。やるべき量が終わっていなくても寝る。大人もそうですが、子どもも「その日」だけを生きているわけではないのです。ずっと、健康に過ごすことが大事なのです。

特に、小学生のお子さんが睡魔に襲われているときに、「まだ今日のノルマが残っ

ている から」と無理やり起こして勉強させるのは絶対にやめてください。ノルマも大事ですが、それよりもお子さんの睡眠時間を確保して、きちんと健康管理をすることの方が大切です。眠いときに勉強しても能率が悪いし、睡眠時間を削っていると体調を崩してしまうこともあります。

18歳までは成長期だから、基本的に眠いのは当たり前です。長男は小学4年生のとき、日曜の朝に私が起こさなかったら、夕方まで眠り続けていたことがあります。成長期だし、放課後も中学受験のための塾に行っていたので疲れていたのでしょう。私も、寝たいだけ寝させてあげようと思ったので、起こしませんでした。

夕方に目を覚ました長男は、さすがにまずいと思ったみたいで、「寝すぎた」と言っていました（笑）。それからは、休日でも午前中に、どんなに遅くとも午後2時までには子どもを起こすことにしました。

親御さんが、勉強について無理のない計画を立てることを心がけ、それでもノルマが残ってしまったら、翌日の予定に組み入れるようにしましょう。中学受験のときも同じです。

とはいえ、目標達成のためには、これだけはやらないといけないという勉強量がありますよね。それならば、**お子さんの睡眠時間を削るのではなく、ほかの時間を減らす工夫をしてみてください。**

例えば、寝る前には、親御さんが翌日やる問題などを準備しておいてあげるといいですね。子どもが起きたとき、あるいは学校から帰宅したときに、すぐにその日にやるべき勉強に取り組めるからです。

睡眠時間は削らず、寝るときにはしっかりと寝る。勉強するときには集中してがんばる、といった生活を心がけ、だらだらと過ごす時間、子どもが準備のために費やす時間をなくすことが大切です。

4人の子どものなかでは、中学受験のとき、何事もじっくり取り組む三男が一番勉強に時間がかかりました。自宅から塾までは、車で片道20分。その時間を無駄にしないため、三男だけ、帰宅する車中でおにぎりとおかずの夕食を食べさせました。あっという間に食べたら、少しの時間ですが、車中で寝ていました。車中の時間も無駄にしない工夫をしました。10時ころに帰宅したら、私が用意しておいた過去問などをやり、お風呂に入り、どんなに遅くても、0時半には寝かせるようにしました。

「ノルマ通りに勉強をがんばる」ことも大切ですが、それ以上に**大切なのが「子どもが元気に毎日を過ごす」ことです。体調管理は親の大切な仕事。**お子さんの睡眠時間や栄養に十分に心を配ってくださいね。

大事なのは体調を崩さないこと

寝る時間は厳守というのは、基本的な心構えです。大事なのは、体調を崩さないように子どもの様子を親がよく見ること。わが家は、小学生のときには、寝る時間を決めていましたが、中学生以降は基本的に、それぞれの子どもがやりたい時間まで勉強させるようにしました。テスト前などで遅くまでがんばりたいときもあるからです。ただ、無理して体調を崩しそうなときには、休ませることも必要です。長女は、高2のとき、睡眠時間を削ってがんばってしまったのか、体調を崩してしまったことがあります。そのときには、体調が戻るまで塾も学校も休んで、ゆっくりと休養させました。

黄金ルール
22

勉強中の子どもは孤独。親がそばにいてあげる

お子さんが夜遅くまで勉強をがんばっているときに、お母さん、お父さんはどう過ごされていますか？

邪魔をしないように先に寝る、お子さんとは違う部屋で自分の好きなことをする、という方もいらっしゃるかもしれませんね。私は、**「勉強は子どもひとりでがんばるものではない」**と思っています。子どもが勉強しているときには目が届く場所にいるようにして、子どもの勉強が終わるまで絶対に寝ませんでした。

勉強は、ほかの誰かと一緒に考えたり、相談したりしながらやる共同作業ではないので、**勉強中の子どもは孤独なんですね。だから、なるべく、親御さんはそばにいてあげてください。**親の存在を感じることができる空間で勉強をさせてあげてください。

2階建てのわが家には子ども部屋がなく、1階のリビングの両側の壁に向けて、勉強机を二つずつ置いていました。その横に食事をする大きなコタツがあります。寝るのはリビングに続く隣の和室です。勉強、食事、睡眠をすべて1階ですませることができるようになっています。

もし、子ども部屋を2階に作っていたら、受験期の子どもは、家族みんながくつろいでいるリビングからひとりだけ階段を上って、寂しい思いをしながら2階にいかなくてはなりませんでした。それはかわいそうですし、私がキッチンで料理や片づけをしているときに目が届きません。

ですから、**普段は4人ともリビングの勉強机で勉強していました。**食事をするコタツと勉強机の距離が近いので、夕食を食べ終わり、勉強しようと思ったときにすぐに机に向かうことができました。ただ、受験生のときは、静かな部屋で時間を計って過去問を解くために、2階に上がっていました。

子どものそばにいるといっても、監視するわけではなく、横で勉強を手伝うこともあれば、私はひとりコタツで子どもの勉強の計画を立てたり、読みたい本を読んだり、キッチンで家事をしたり、リビングにクッションを置いて横になったりしました。でも、**必ず、子どもがお母さんの存在を感じられるような距離にいました。**

わが家では、子どもが勉強しているときに私がそばにいるのは当たり前の光景でした。**勉強はひとりでやる方がはかどるように思われますが、私がそばにいて声かけをしたり、マルつけのために近くにいたりする方が勉強がはかどったようです。**

親に限らず誰かがそばにいた方が、いい刺激になることもあります。わが家では、きょうだいがいつも一緒に勉強していました。

受験生がいない年で、テストがないときには、宿題が終わったらみんなでトランプなどで遊んでいましたね。小学生の子どもは早く寝かせるようにしていましたが、中学生や高校生の子どもはやりたい時間まで勉強させました。学校のテストや模試の前には遅くまで起きていましたね。

3人の息子が中学、高校と同じ学校に通っていたときは、定期テストの期間は、3人が一斉に机に向かい、テスト勉強をしました。長女もそんな兄たちを見て、一緒に勉強していました。**子どもたちは「一緒にがんばろう」という気持ちになっていたのかもしれません。**

ひとりで勉強するのは孤独なものです。ぜひ、お子さんが勉強をがんばっているときにはそばにいてあげてください。**子どもは親がいるだけで心強いものです。安心して勉強に取り組めるのです。**

「もう寝るの？」
勉強が終わった子どもから寝て、最後のひとりになった子どもが、私がトイレに立ったときに、「もう寝るの？」って言ったことがあります。やっぱり、ひとりで勉強するのは嫌なんですね。子どもたちには、母親がそばにいるだけで安心感があったのかもしれません。

黄金ルール

23

塾で先取りはＯＫ。でも学校もおろそかにしない

教育熱心な親御さんは、早くからお子さんを塾に通わせていることが多いですよね。また、中学受験をするためには塾通いがマストです。**中学受験塾は、同じ目標を持った子どもが集まって切磋琢磨し、塾のテストや模試で自分の学力、弱点を把握できるところがいいと思います。**

お子さんに合った塾だと、勉強が楽しくなり、どんどん学力がついて、勉強が進んでいきます。その一方で、一つ心配なことがあります。学校との兼ね合いです。内心、塾の方が勉強が進んでいるから、学校の勉強は手を抜いてもいいかな……と思っていませんか。これには私は賛同できません。**学校は、宿題も含めておろそかにしてはいけない、そう思って私は子育てをしてきました。**

わが家では、1歳ころから公文に通わせて、先取り学習をしていました。長男は小3の2月から中学受験塾の「浜学園」に通い始めたのですが、塾での勉強は楽しかったようです。「特に算数が面白い！」と話し、塾に行く日を楽しみにしていました。そんな兄の様子を見ていた弟、妹たちも通いたがり、4人の子どもたち全員が浜学園にお世話になりました。

中学受験塾は受験のプロですから、信頼してすべてをお任せして、私は家庭で勉強のサポートをするというスタンスでした。具体的には、塾の宿題を完全にやるための計画を立てました。また、テストに向けて何を勉強したらいいかの計画も立て、マルつけなどもして、できる限りのサポートをしましたね。

それでも、子どもたちに「学校の宿題はやらなくていいよ」とは言いませんでしたし、「塾に通っているから学校はほどほどでいい」とは私自身も思っていませんでした。**できるお子さんのなかには、「中学受験の塾で先取りしていると、学校の授業がつまらない」と言って、学校の授業をいいかげんな態度で受けてしまうお子さんもいるようですが、それはよくありません。**もしも、親御さんが、「塾で学んでいるから、学校の授業は適当でいい」と言っているのなら、ぜひ、その態度は改めてほしいと思います。たとえ塾で先取り学習をしていたとしても、学校の授業は大切にしてほしいですね。

私は**子どもたちに、「学校で『今やっていることはもう塾で習った』とは、絶対に言ってはいけない」と伝えました。**その一言を口にして、授業を真面目に受けないのは先生に対して失礼にあたります。「自分で問題を解くことと、授業で他の人に教えることは違うよ、問題が解けるからといって先生より自分が優れているわけではないよ」と言い聞かせてきました。ばかにしたような態度をとれば、一生懸命に理解しようとしている同級生も不愉快な思いをするかもしれません。人として、そういう態度はよくないのです。

既に塾で習ったことでも、初心を忘れないような態度で授業を聞き、ノートをしっかりとる。「これは知っている」「わかってる」と思っても、**復習だと考えればいいのです。塾で習ったことでも忘れていることがあるかもしれないし、新しい発見もあります。**

また、音楽、家庭科、体育、図工などの中学受験に必要ない科目も、手を抜かず、しっかりと授業を受けるべきです。生活していくうえで大切な知識や知恵が身につき、感性を磨くことができます。

お子さんには、学校の宿題も、塾の宿題も必ずきちんとやらせてください。両方の宿題を完璧にやるのは大変かもしれませんが、**どちらかの宿題をやらないと、手を抜くクセ、サボるクセがついてしまいます。**「宿題は必ずやる！」という習慣をつけることが大切です。3人の息子たちは中学に入ると、比較的のんびりと過ごしました。長男は中学3年間は塾に通いませんでしたし、次男、三男も塾に通い始めたのは中3からです。でも「必ず、宿題はやる」習慣が身についていたため、学校の宿題は必ず、きちんとやっていました。

大事なことをもう一度

塾で勉強が進んでいたとしても、学校の授業は真面目に受け、宿題もやる。優秀なお子さんを持つ親御さんほど気をつけてほしいですね。

黄金ルール
24

勉強だけでは効率が悪い。成長期は運動もさせて

わが家の4人の子どもたちは、小さいころから勉強だけしていたと誤解している方がいらっしゃいます。でも、そんなことはありません。4人全員が、中学に入ったら、それぞれがやりたいと思う運動部に入って体を動かすことを楽しんでいました。

中学や高校の成長期には、ぜひ運動をさせてほしいと思います。**人間も動物なんですね。体を動かすことはすごく大事です。**勉強だけさせる、というのはかえって学習の効率が悪いと思います。

運動して楽しんだからこそ、勉強にも集中できる。私は4人の子育てをしていてそう感じました。また、この時期に体を動かすと体力がつきます。それはハードな大学受験を乗り切るのに、よかったことの一つです。

私自身、運動が苦手だったこともあり、子どもたちには運動をしてほしいという強い思いがありました。中学受験で4人とも小学生のときは学校と塾が忙しかったのですが、**「中学に入ったら運動部に入ってね！」と言っていました。**主人は中学高校時代は柔道をしていたため、「柔道部に」と勧めていましたが、長男が選んだのはサッカー部でした。夫の願いむなしく、次男も三男も柔道部には入りませんでした。

長男は、中1から高3の7月までサッカーに打ち込み、大学でもサッカーをしていました。次男は、学校も塾も部活も兄と同じというのは嫌だったようで、中1から中3まで軟式野球部で活動しました。高校からは硬式野球になるため部活に入らず、仲のいい友人と漫才コンビを結成して、高1、高2の文化祭のときに披露しました。高2のときにはM－1グランプリの予選にも出場したんですよ。大学では再び、軟式野球をしました。

三男も兄たちと同じ部活には入りたくなかったようで、中1から高2の夏まで卓球部に入部。大学ではアメリカンフットボール部に入り、現在も活動しています。

3兄弟は中学時代、全員がボールを使うスポーツをやりましたが、サッカーボール、野球のボール、卓球のボールと、だんだんボールの大きさが小さくなりました（笑）。

長女は、「日焼けしたくない」という理由で、中学時代は室内での活動がメインの水泳部に入りました。高校時代は部活をやらず、大学入学後にまた泳いでいます。

4人とも中高時代の部活の友達関係がとてもよくて、楽しかったようです。やはり、**充実した時間があったから勉強にも励むことができたと思います。**もちろん、部活に生活が振り回されるようであれば、問題です。**部活をしても、夕方6時までには帰るようにしていました。**

「勉強するために部活に入らない」「勉強に時間を使いたいから部活をやめる」という子どもがいますが、時間があるから勉強がはかどるかといえば、必ずしもそうではありません。**お子さんが「部活を続けたい」と言っているなら、親御さんは「やめて勉強しなさい」と言わずに**、親子でよく話し合ってください。

時間を与えれば、子どもは勉強をすると思うのは間違いです。「時間がある」と思うと、つい気が緩んでしまって、だらだら過ごす人もいます。子どもは勉強が嫌いだし、できればやりたくないと思っています。**人間、年がら年中努力することはできないと思ってください。**

楽しく部活をして、終わったら気持ちを切り替えて勉強に集中する方が、メリハリがついて、効率がいいと思います。運動部では運動に集中、勉強するときには勉強に集中したいですね。なんといっても、運動をすると、体力がつきます。おかげで、高校3年の大学受験の追い込みで、4人ともハードなスケジュールをこなすことができました。

成長期の運動はおススメです。ただし、私は勉強と部活を両方ともフルにするような両立はできないと思います。どちらかをメインに時間の兼ね合いを考えながら、二つとも楽しむということが大切ですね。

黄金ルール
25

新聞は子どもにとって社会の窓。活用しないともったいない

子どもの世界は狭く、人生経験も少ないもの。そんな子どもたちにとって、外に開かれた窓となるのが新聞です。日々、新しい情報が家に届けられます。**新聞によって、子どもたちの知識の裾野を広げることができます。**

「うちの子は本を読まないから、読解力がありません」と嘆くお母さんたちがいらっしゃいますが、そんなお子さんにもおススメです。本を1冊読むのにはとても時間がかかります。新聞は本に比べ、記事の一つひとつが長くないため、すぐに読めるので、ぜひ、新聞を活用してほしいですね。

新聞だと、政治、経済、社会、文化、スポーツ、社説、投書、料理……さまざまな分野の文章に触れることができます。まずは、お子さんが興味を持つ記事を、お母さ

んが読んで聞かせてあげてみてはいかがでしょうか？

わが家の場合、子どもたちが学校に通うようになってから、私は毎朝、家族を送り出したあと、ゆっくりと新聞を読みました。そのなかに、私自身が面白いと思った記事、子どもに伝えたいと思った記事、泣けた投書などがあったら、帰宅した子どもたちに新聞を広げ、「ねえ、聞いて、聞いて」って声をかけていました。そうすると、子どもたちが新聞の周りに集まってきました。

子どもたちが小学校の低学年のときまでは、私が記事を読んであげていましたが、小学校中学年以上になると、ある程度子どもが記事を読むことができます。

内戦、年金など子どもになじみの薄い言葉が出てきたら、その言葉の意味をわかりやすく伝えます。教科書に同じような事柄の記述があっても、実際の記事に出てくると、書かれている内容が生き生きと輝きます。**知識に血が流れるんですね。ニュースから人間が生きているということを感じてほしいと思いました。**

受験に役立つという下心で新聞を強制的に読ませるのではなく、ニュースを親子で楽しんでほしいですね。

ただ、結果として、わが家では、子どもたちと新聞の世界に浸り、ニュースに親しむうちに、勉強にも役立ちました。例えば四字熟語。勝負の世界だからか、スポーツ欄の記事には、臥薪嘗胆など四字熟語が頻繁に出てきます。見つけたときに、水性の赤ペンでマルをつけて見せたこともありました。

子どもたちは、「四字熟語を覚えても、実際に役に立つのかな」なんて言っていましたから、実際に新聞記事に出ているのを見て、驚いて、喜んでいました。

新聞は、**中学入試の時事問題にも役立ちました。**長女が小6のときには、菅直人さんが首相でした。菅さんの菅の字は、草カンムリなのに、竹カンムリだと間違えて覚えてしまっていたお子さんも少なくなかったのですが、わが家では新聞の1面に大きな字で「菅」と出ているのを見ていたため、間違えることはありませんでしたね。

大事なことを読み取る国語力がつく

17年12月に、20年度から始まる「大学入学共通テスト」の試行調査の問題が公表されました。数学も国語もデータを読ませる問題が出ていて、正答率は全体的にセンター試験よりも低かったのです。特に国語の記述式問題では、身近な話題に関する文章や資料を読み取る力が問われていて、速読できないと解くのが難しい問題でした。新テストになり、ますます言葉の意味を考え、イメージしながら読む力が要求されるようです。実用的な国語力をつけるために、ぜひ新聞を活用してほしいですね。

黄金ルール
26

スマホには断固とした態度を！ 子どもは「やめたい」と思っている

今やスマホは10代の必需品です。連絡手段として携帯電話を持たせている親御さんも多いと思います。一方で、スマホにはまってゲームやSNSに何時間も使ってしまう子どもも少なくありませんよね。だから、今の時代、**スマホ対策は子育ての要だと思います。**

結論から言いますと、スマホやゲームには親は子どもに断固とした態度をとることが必要です。特にこの先の大学受験を乗り切りたいならば、**勉強すべき大事な時間を奪われていることに早く気づかないといけないと思います。**中毒や依存症になっているような子どもには**「スマホのまん中に五寸釘を打って壊す」くらいの態度**で臨んでください。

かくいう私もスマホにはまったことがありました。世の中の子どもたちがなぜ、そんなにゲームにはまるのだろうと思って、長女がまだ高校生だった２０１４年に実際にパズルゲームをやってみたのです。

そうしたら面白くて、面白くて……。なんと、６カ月間もはまってしまいました。それまでは、朝、家族を送り出したら新聞を読んでいましたが、ゲームの続きをやりたくて、まずスマホを手にとるようになっていました。あと20ページほど読めば犯人がわかる推理小説も読まないまま、６カ月間、ひたすらゲームにはまったのです。それほど魅力的でした。

でも、あるとき、「人生の折り返し地点を過ぎているのにこんなことをしている場合じゃない！」と思い、３００ステージ近く進めたゲームのデータを、泣きそうな気持ちになりながらも、意を決して消しました。

その6カ月の経験で何を感じたかというと、「子どもが大事な時期にスマホにはまったら、おしまい。怖い！」ということです。ゲームだけではなく、ＳＮＳにはまっている子どもも少なくないようです。「メッセージが来たら、すぐに返事をしなくては……」と思っていると、勉強に集中できません。

長男が大学受験をした２０１０年ころには今ほどスマホは普及していませんでした。長男、次男はガラケーで、三男が高１、長女が中１のときにスマホを買いました。

わが家では、息子３人が灘に通っていたときには、テスト期間中は帰宅したら携帯を預かり、袋に入れていました。

スマホや携帯の料金を定額にしているご家庭がほとんどだと思いますが、**必ずどのくらい使っているか、毎月、明細書を確認してください。**私も毎月チェックして、使用量が増えている子どもにはそのことを伝えました。

息子の同級生のお母さんが息子さんの使用状況をチェックしたら、中３のときからネットサーフィン、ゲームにはまり始め、月に３万円、30万円と増えていき、高１の終わりにはついに３００万円になったそうです。そのとき、「あなたの人生をこれがつぶしてしまうのよ！」と言って、ガラケーを息子の目の前でバキッと折ったそうです。息子さん自身もやめたいのにやめられない依存症になっていたのだと思います。

その子は**お母さんの本気度を見て、ネット、ゲームをやめることができ**、現役で東大の理Ⅰに合格することができました。

あとで聞くと、ガラケーをお母さんに折られた友達は最低でも5人はいたそうです。また、ほかの友達はスマホを使いすぎて、お母さんが目の前でスマホに五寸釘を打ち込んだそうです。スマホはガラケーのように折れませんから。「スマホに五寸釘」は衝撃だったと思います。

でも、お母さんが中学受験を一生懸命サポートしてくれたことをよくわかっているから、お母さんのその行動を見たとき、「こんなにも僕のことを思ってくれているんだ」と感じたんですね。それからはスマホの使いすぎはなくなったそうです。

スマホやゲームに対しては、子どもが依存症にならないように、「五寸釘を打ち込む」くらいの態度で臨む。ただし、愛情を持って、です。

子どもも内心、やめたいと思っているのです。だけどやめられない。そこで愛情を持って厳しく導いてあげるのが親の役目です。幼いころから子どもに寄り添い、愛情を持って勉強のサポートをしていると、**どんな厳しい態度で臨んでも、お母さんの強い思いは子どもに伝わるのです。**

依存症になると、二度と戻ってこない10代の貴重な時間をとられてしまいます。愛情を持って、断固とした態度を見せてください。

娘の場合は

娘はゲームをしなかったのですが、SNSやメールがピコピコ鳴るのはうるさいので、帰宅したら電源を切るようにと言いました。友達には「帰宅したら電源を切っている」ことを伝えていて、寝る直前にざっとチェックしていました。スマホにお子さんがはまっていて、手元にあるとつい触ってしまう場合には、「帰宅したら袋に入れて預かる」というくらい強制的にやる方がいいですね。

第4章

ママ友との関係、祖父母の口出し…困ったときの対処法

黄金ルール

27

〜

34

黄金ルール
27

子どもに信頼されたい…接し方次第で関係は変わります

子どもは親だけを頼りに生まれてきて、親を信頼しています。しかし、お母さん、お父さんという立場にいるだけで、子どもがあなたを信頼するわけではありません。**子どもが無条件に親を信頼するのは最初だけ。その後もずっと子どもから信頼される親と、徐々に子どもから信頼されなくなる親に分かれていきます。**

その違いは、子どもとの接し方にあると思います。

虐待などは論外ですが、お子さんが言うことを聞かないとき、成績が悪いときなどに、ついカッとなって「なぜ、できないの？」「どうして間違うの？」ときつく言ったことはありませんか。その言葉は子どもを深く傷つけています。子どもはテストの問題を間違いたくて間違っているわけではないですし、やりたくなかったり、できなかったりするのにもきっと理由があるのです。

最悪なのが他人や兄弟姉妹と比べることです。「○○君はいい点をとっているのに……」とか「お兄ちゃんはできたのに、どうしてあなたはできないの?」など、比較するようなことは絶対に言ってはいけません。子どもは傷つき、自信をなくしてしまいます。**比較すると、自分の子どもが見えなくなりますよ。**

子どもを叱ったり注意したりする言葉を口に出す前に、ちょっと考えてほしいのです。その言葉は隣のうちのお子さんや、子どもの同級生にも言えるでしょうか。**よそのお子さんに言えないような「暴言」は、誰にとっても耳障りな言葉です。自分の子どもにも絶対言ってはいけないのです。**

うまくできないときには、子ども自身もそのことをよくわかっていて、悲しい思いをしています。そんなときに、親が「なぜ、できないの?」と怒鳴るのは、子どもに追い打ちをかけること。子どもを責めるよりも、「なぜできないのか」、その原因を分析してみましょう。**原因を探して、できるようになるためにはどうしたらいいかを冷静に考えることが親の役割**です。

例えば、テストの点が悪かったならば、次のテストに向けて一緒に準備してください。お母さんが計画を立てて、その通りにやって、テストの点数が上がったら、子どもはうれしくて、「お母さんの言う通りにしてよかった」という気持ちになります。その積み重ねで、信頼関係ができあがっていきます。

親だからというだけでは、子どもは信頼してくれません。できなかったときにも子どもに寄り添い、次は結果が出るような具体的な方法を考えてあげるのが親の役割です。そうやってサポートをしていけば、親子関係はうまくいくのではないでしょうか。

親子の関係に甘えてはいけない

私はキッチンで料理や洗い物をしているときに子どもが質問してきたら、後回しにしないで即答していました。もしも私のわからないことならば、家事を中断して、子どもと一緒に調べました。子どもが何かを聞いたり、頼んだりしたときに「ちょっと待って」とか「あとで」と言うと、少しずつお母さんへの信頼をなくしてしまいます。親子の関係に甘えてはいけない、って思うんです。「いつもお母さんは、聞いたことにすぐに答えてくれる」。子どもがこう思うことで、親子の信頼関係を築いていけると思うのです。

黄金ルール 28

反抗期は成長に不可欠?…なくていい! 親の暴言が反抗期の種に

反抗期のお子さんに悩むご家庭もあるかと思いますが、わが家では大きな反抗期はありませんでした。ちょっとした口答えはあっても、勉強に支障をきたすような反抗はなかったです。灘に子どもを通わせていたお母さんたちと話していても、「大きな反抗期はなかった」という方は多いですね。

反抗期は子どもに対する親の暴言の結果であることも少なくないようです。親が口にしがちな「どうしてできないの?」という言葉は、子どもを深く傷つけ、子どもが大きくなったときに反抗期の種になると思います。

これまでほとんど子どもに関わってこなかったのに、テストの点が悪いときに怒り、「勉強しなさい」と急に言っても、子どもは反発するだけです。また、受験が近づいたときに、今まで勉強にノータッチだったのに、志望校についてあれこれと口を出したり、親の希望を押しつけたりしたら、子どもは反抗してしまいます。**成績がいいときに反抗するという話は聞きません。**成績が悪いときに、親御さんがうるさく言ったり、こっそりと部屋を見にいったりするから、ますます反抗するのです。

とはいえ**反抗期だからといって、子どもが勉強しなくていいということはありません。**受験期に反抗して困っているときには、「反抗してもいいから勉強しなさい」と話してください。こう言えば、反抗している場合じゃないことに気づくのではないでしょうか。

わが家の4人の子どもたち全員に大きな反抗期がなかったのは、幼いころからずっと「一緒にがんばろうね」というスタンスでいたことがよかったのだと思います。私は、子どもたちが生まれてきてからは、いつも「子ども第一」で、子どものことが最優先でした。いつも子どもを見守れるところにいて、寄り添ってきましたから、子どももそのことをよく理解してくれていたのだと思います。

「成長過程において反抗期が必要だ」という意見もありますが、**大切な受験期には、勉強に支障をきたすような反抗期はない方がいい**ですよね。

黄金ルール
29

子どもに勉強を教えられない…お母さんは堂々としていていいのです！

私は、４人の子どもたちが1歳ころから通った公文から大学受験までずっと勉強のサポートを行ってきました。勉強のサポートと聞いて、「私は、勉強は得意じゃなかったから子どもに教えられない」という親御さんもいらっしゃるかもしれません。子どもの年齢が上がるにつれて、勉強が難しくなっていくのを見て、いつ親の自分がわからない問題が出てくるのか、ひやひやしている方もいるかもしれません。

大丈夫です。私自身も実は、灘中の算数の入試問題や東大の数学の入試問題などは難しくてわかりません。**「勉強のサポート」と「勉強を教えること」とは違います。勉強を子どもに教えられなくても、親は子どもの勉強のサポートはできるのです。**

勉強のサポートとは具体的に何を指すのでしょうか。

子どもが幼いときは、ほめること。お子さんが就学前に、ひらがなの読み書きや簡単な計算などを覚えるときには、上手にできたらほめながら、一緒に楽しく勉強しましょう。

そして、一緒にやりながら見守ること。就学前はまだ幼いですから、「これをやってね」と言ってひとりでやらせるのではなく、横にいてお子さんがやるのを見ていてください。書き順が間違っていたら、優しく教えてあげましょう。**大切なのは、お子さんが小さいときから親御さんも一緒に学び、勉強を楽しむという姿勢です。**

子どもの年齢が上がるにつれて、だんだん勉強は難しくなります。そうなると、親が子どもと一緒に問題を解くことはできません。学校や塾が教えてくれるから、親が勉強を教えられなくてもいいのです。お子さんには学校や塾の授業を集中してしっかりと聞くように言ってください。

親の役割というものは、勉強を教えることとは別にありますから、子どもの前ではその問題が解けないことを恥ずかしく思ったりせず、堂々としていましょう。どうしてもわからないことがあれば、学校や塾の先生に子どもが質問すればいいのです。

親の役割はスケジュール管理ですね。学校や塾の宿題は必ずやる。その習慣をつけさせるため、いつまでに宿題を提出しなくてはならないか、どのくらいの量があるかなどを親は把握し、提出日に必ず出せるよう、1日にやる量を決め、計画を立ててください。**小学生は計画を立てるのが苦手です。ですから子どもの代わりに親が勉強の計画を立てることが、重要なサポートになります。**

そのほかにも、子どもが解いた問題のマルつけ、子どもに頼まれた参考書や問題集の購入、テストの整理、塾の送迎、塾のお弁当づくりなどもサポートです。

忙しく働いているお母さんのなかには、専業主婦のお母さんのようなサポートはできないと悩んでいるケースもありますが、自分のできる範囲で楽しくやってください。お子さんが好きなスイーツを買って冷蔵庫のなかに入れておく、鉛筆が削れていなければ削っておく。そういったことでもいいのです。子どもは好きなスイーツがあるだけでテンションが上がるし、お母さんの愛情を感じると思います。そうやって勉強をがんばる子どもに伴走することもサポートの一つですよ。

逆に忙しいお母さんがサポートで無理をして気持ちに余裕がなくなってしまったら、それは子どもに伝わります。できることを楽しくやりましょう。

親ができる勉強のサポートはたくさんあります。丁寧にサポートをしているときに、**「そこまでやるのはやりすぎ」などと言う人がいるかもしれません。そんな言葉は気にしないで。**無理する必要はありませんが、周囲の声は気にせず、かわいいわが子の将来のために、できることはとことんやりましょう。

私の工夫教えます！

私は、子どもたちが大学受験のときに、分厚くて重い赤本（過去問題集）を持ち歩くのは大変だから、年度別にカッターで切ってホチキスで留めて、分冊しました。子どもが勉強以外のことに時間をとられないですむよう、親が工夫するといいですね。

黄金ルール

30

夫と教育について意見が違う！…父親は口を出すよりお茶を出して

両親が教育に関して別々のことを言うのが一番よくありません。わが家では、子どもの教育に１００％私が責任を負うことにしました。

遅くに帰宅した主人が、「こんなに遅くまで勉強させてはかわいそうだろ。もう寝かせてやったらどうだ」と言ったことがあります。せっかく子どもたちががんばっているのに、そう言われると私も子どもも意欲をそがれるのです。父親と母親で言うことが違うと子どもたちは混乱してしまうため、「子どもの教育に関しては、すべて私がやる」と決めたのです。

もちろん、主人にも私や子どもたちをサポートしたいという気持ちがあったと思います。その気持ちはありがたい。だから、主人には、**「子どもが勉強しているときには**

口を出さないで、お茶を出して」と言いました。すると、主人は私たちが勉強に取り組んでいると、お茶を出してくれるようになりました。お父さんがお茶をいれてくれると子どもたちもがんばろうと思い、**私もねぎらってもらっていると感じられてうれしかったです。**

サポートとは、自分がやりたいことをするのではなく、相手がしてほしいことをすることです。自分がやりたいことと、相手がやってほしいことはたいてい違うものです。

お父さんはお母さんがやってほしいと思っていることをしてください。お母さんが「お父さんと結婚してよかった」と思うようなことを、お父さんにはしてほしいと思います。わが家の場合、それは、主人が私に「大変だね」と言ってお茶を出すことだったのです。

わが家のリビングには、テレビがありません。結婚したときにはありましたが、長男の出産前に出産後のことをシミュレーションしたとき、「私が育児をがんばっているときに主人がテレビを見てアハハと笑っていたらイラッとするだろうな」と思い、テレビを2階に移動しました。最初は主人もテレビを見たいときには、2階に上がっていましたが、しばらくすると見なくなりました。あんなに楽しみにしていた、野球の試合の結果をテレビで見ることもなくなり、新聞で読むだけになって、人間の習慣は面白いと思いました。

子どもの教育に全力で取り組んだというと、家の中のことも完璧だったとよく勘違いされます。4人の子どもの中学受験、大学受験のときには、**家事は適度に手を抜いていました。**

あるとき、主人が「食器棚に皿がない。洗ってないよ」と言うので、「そんなこと言う暇があったら、食器を洗って」と言ったら、自分が使いたい1枚だけを洗っていました（笑）。主人は、「子どもたちが大学に合格するまでは子どもが最優先」ということを理解していたので、家事についてうるさく言うことはありませんでした。そのことにとても感謝しています。

世の中には、普段は仕事が忙しくて子どもの教育にはほとんど関わっていないのに、志望校や志望学部を決めるときに、ダメ出しをしたり、自分の希望を押しつけたりするお父さんもいるようです。子どもから相談されたときは別ですが、**子どもに聞かれてもいないのに口を出すと反発されるだけです。**

だから私は、弁護士の主人に「弁護士を目指せ、弁護士になってほしい」とは言わないように、と伝えていました。結果的に4人の子ども全員が医学部に進むことになりましたが、主人も子どもたちの意思を尊重してくれました。

サポートとは、自分がしたいことをするのではなく、相手がしてほしいことをすること。子育てにおいて、夫婦が支え合う場合も同じではないでしょうか。**わが家では「父親は口を出すより、お茶を出す」。これでうまく毎日が回っていました。**でも、できれば、家事も手伝ってほしかったのですが……（笑）。

黄金ルール 31

祖父母が口を出す…一役渡して、蚊帳の外には置かない

おじいちゃん、おばあちゃんは、かわいい孫のために何かしたいと思うもの。教育についても口を出したがるケースは多いようです。**半世紀以上も前の子育ての経験を言われても、今とは時代が違うので親御さんは困ってしまう**でしょう。**でも、蚊帳の外に置かず、できることを手伝ってもらいましょう。**

しかし、**お母さんの教育方針に口を出すのだけは避けてもらってください。**母親と祖父母が教育に関して違うことを言うと、子どもを混乱させてしまいます。

だから、「教育方針は親に任せてほしい」と説明したうえで、**勉強のサポートなどでは「頼りにしている」ことを伝えましょう。**一役渡せば、ないがしろにしていないことが伝わり、納得してくれると思います。年配の方ができること、得意なことで手

伝ってもらうのがいいと思います。

まず、お願いしたいのが、子どもが幼児教室のプリントや市販のドリルをやっているときに**そばで見てもらったり、マルつけを手伝ってもらったりする**ことです。まだ小さい子どもですから、誰かにそばにいてもらうことが大切なんですね。

ひらがなの書き方や一桁の数字の計算ですから、難しくないので、おじいちゃんおばあちゃんがわざわざ知識をアップデートする必要もありません。漢字も年配の方は得意なケースが多いので、**漢字の書き取りを見てもらう**のもいいかもしれません。

絵本の読み聞かせ、童謡を歌ってもらうことも、おじいちゃん、おばあちゃんにお願いしたいことです。

私は幼いころ、母からたくさんの童謡を歌ってもらいました。母は私に歌ってくれたときのように、孫たちにも童謡を歌ってくれていましたね。子どもはお父さん、お母さん、おじいちゃん、おばあちゃんの声で絵本を読んでもらったり、歌ってもらったりするのが好きです。ぜひお願いしましょう。

勉強のサポート以外でも、お願いしたいのが、子どもを遊ばせることと、家事の手伝いです。

佐藤家の場合、長男が生まれたとき、私の父は定年退職していましたから、長男が生まれてから10年間ぐらいは、大分から奈良まで両親が手伝いに来てくれました。2週間私の家にいたあと、3週間大分の自宅で暮らし、その後また2週間来て、大分で3週間、ということの繰り返しでした。

4人の子どもを育て、勉強のサポートをするのは大変です。当時、1年の半分弱は両親が手伝ってくれたので、本当に助かりました。今でも感謝しています。

ただ、頻繁に私の家に行くものだから、大分の自宅の近所の人たちには、「そんなに娘さんのところに行って手伝うのはやりすぎじゃない？」って言われていたようです。でも、両親はそんな言葉は気にせず、10年間、ずっと頻繁に来てくれました。

かわいい孫のためにおじいちゃん、おばあちゃんのすることが、やりすぎ、ということはありません。おじいちゃん、おばあちゃんも、周囲に何と言われようと、お孫さんのためにできることをやってあげてほしいと思います。

親御さんは、おじいちゃん、おばあちゃんを蚊帳の外には置かないで、祖父母が孫を思う気持ちを尊重してあげてください。

ただし、**教育方針については、おじいちゃん、おばあちゃんがあれこれ言ってきても、親御さんはブレてはいけません。**お子さんには、親御さんの教育方針を貫き通してください。

おじいちゃん、おばあちゃんが得意なこと、できることで、子どもの役に立つことはあります。それをお願いして、気持ちよく手伝ってもらいましょう。

黄金ルール

32

受験の結果が心配…シンプルな激励の言葉を用意しておく

受験のとき、親は子どもを信じ、心から合格を祈っています。それでも、残念ながら落ちてしまうお子さんもいます。そんなときに親があたふたせず、子どもが明るい気持ちで再スタートできるようにするには「備え」が必要です。

それは言葉です。**子どもが不合格だったときにかける言葉をあらかじめ考えて、練習しておきましょう。**シンプルな言葉がいいと思います。親の心のこもった言葉があれば、子どもは「入った学校でがんばろう」という気持ちになれるのです。

わが家の3兄弟は皆、灘中を受けました。全員がすんなり合格したと思っている方が多いかもしれませんが、実はそうでもなかったのです。

長男、次男の受験のときにはそれほど心配はなかったものの、三男はテストの点数にかなりムラがありました。三男は小学6年の夏に、算数で9点をとったことがあります。もちろん100点満点のテストです。

問題がわからないのかというとそういうわけでもなかったのです。自宅で解かせると全部解けました。お兄ちゃん2人が灘中に通っていたことが関係していたのかもしれません。**三男がかなりプレッシャーを感じていることはわかりました。**

不思議なもので、三男の算数の点数は、下がったら次は上がり、点数が上がったら次は下がり……。良かったり悪かったりを繰り返していました。奇数月のテストが良くて、偶数月のテストが悪かったのです。良いときなら合格できますが、悪いときなら不合格になってしまいます。

9月1日からは三男に徹底的に灘中入試の過去問をやらせる一方で、私は10月からは万が一の不合格に備えて、三男にかけるせりふを考えて、練習しました。

くさい言葉や大げさな言葉はしらじらしいので、**シンプルなせりふにしました。その言葉は、「○○ちゃん、灘中残念だったね。違う中学に行くことになったけど、6年間またママも手伝うからね」というものです。**

その言葉を、塾まで三男を送った帰り、車のなかで毎日練習することにしました。そのせりふを言っていると、落ちてショックを受けている三男の姿が浮かんできて、涙が出てくるのです。3カ月間、毎日毎日、その言葉を言っては車のなかで涙ぐんでいました。

ずっと不安な毎日を過ごしていましたが、三男も私も信頼している塾の先生が、「奇数月の成績はいい。灘中の試験は奇数月だから大丈夫です」と言ってくれました。その言葉を聞いたとき、「長男、次男もお世話になったこの先生がおっしゃるのなら大丈夫！」と思えて、気持ちが楽になりました。

無事、三男は合格することができましたが、落ちたときに備えて、兄たちにも言い含めておきました。私が「三男が落ちたら、3年間は灘の話はしないでほしい」とお願いすると、2人は「わかった」と言ってくれました。

落ちたときは、兄弟姉妹とは決して比べないこと。ほかの兄弟姉妹よりも手厚く、丁寧に扱い、言葉に気をつける。親がするべきことは、それしかないのです。

人生に失敗はつきものです。**努力して最善を尽くしても、残念ながら失敗するときはあります。**受験には必ず合格者と不合格者がいます。

みなさんも、お子さんが万が一不合格だったときにかける言葉を考えて、練習しておく方がいいと思います。お子さんにその言葉をかける必要がない状況が一番いいのですが、**受験は何が起きるかわかりませんので。**

「A判定、合格間違いなし」と言われている子どもが不合格になることもあります。絶対に合格すると思っていた子どもが不合格だったときに、親御さんがあたふたして、**お子さんが傷つくような言葉を言うことだけは避けたい**ですよね。

備えあれば憂いなし。子どもが万が一不合格だったときに、気持ちを切り替えられるような言葉を親は用意しておきましょう。そうすれば、**次の目標に向けて、明るい気持ちで新しいスタートラインに立つことができるでしょう。**

せりふを言わなくなった日

実は、「落ちたときの練習」は三男が灘中に合格したあとも続いたのです。長女を塾に送った帰りの車中で、思わず口をついて出ました。毎日毎日、言い続けていたので、無意識のうちに習慣になってしまったようです。おかしなことに、せりふを言っては泣いてしまうということが、合格後も3カ月以上続きました。5月上旬に開催された灘の文化祭で、三男が楽しそうにしているところを目にして、「本当に入ったんだな」としみじみ感じました。その後、私はせりふを言わなくなりました。

黄金ルール 33

志望中学・高校に落ちたときには…とにかく忘れて！ 人生はノーサイド

中学受験も高校受験も競争試験である以上、どんなに勉強しても、残念ながら志望校に不合格になってしまうお子さんもいます。そのときはどうしたらいいでしょうか。大学受験がどうなるか心配になる親御さんもいるでしょう。

結論から言うと、心配する必要はありません。例えば、中学で習う数学と、算数は別もの。志望校に合格しなくても、大学受験という次の段階へ進むことはできます。失敗したことをいつまでも引きずっていては前に進めません。**合格した学校がご縁があった学校です。入った学校でがんばればいい**のだから、**第3志望に入れれば御の字、たとえ第5志望の学校でも大丈夫です。**

親御さんもガッカリされると思いますが、一番ショックを受けているのは受験したお子さんですから、絶対にお子さんを責めてはいけません。「お母さんはどんなときも、あなたの味方よ。合格した学校で、新たな気持ちで一緒にやっていこう」と明るい声で優しく話しかけましょう。

親御さんは内心どんなにショックを受けていたとしても、それを絶対に顔や言葉に出さないでくださいね。これはしっかり、心に留めておいてください。受験では、親の方がガッカリしたり、おろおろしたりしがちです。子どもはその姿を見るのがつらい。親が落ち込んでいることが子どもに伝われば、子どもも気持ちが暗くなり、前向きな気持ちにはなれません。

受験の失敗で「悔しさをバネに」とか「失敗を糧に」なんて思う必要はありません。リベンジしようと思うのではなく、**失敗したことは忘れて**、新たな気持ちで次の段階に移ることが大切です。

公立中学に進む場合には、3年後には高校受験です。新しい目標に向かってがんばりましょう。

中高一貫校なら、大学受験まで6年あります。中学受験が終わってすぐに大学受験のことを考えてがんばるというのでは疲れてしまいますので、少しのんびりしてから、お子さんのペースでがんばるといいでしょう。わが家の場合には、塾に行き始めたのは長男が高1、次男と三男は中3からです。塾に行くようになってから、大学受験を意識して勉強をがんばりました。

人生に失敗はつきものです。でも、**終わったことは忘れてください。人生はノーサイドですから。**

実は私も不安だった

長男の中学受験を控えた年の12月には、私も精神的に追い詰められていたのか、「受験当日に寝過ごした」という夢を2日おきに3回も見ました。初めての中学受験はかなりプレッシャーでした。親でもこんなにプレッシャーを感じているのだから、受験生はもっと不安だと思います。だからこそ、親は不安を言葉や態度に出してはいけないし、結果についてあれこれと言ってはいけないのだと思います。

黄金ルール

34

ママ友は必要？…悩むくらいなら腹をくくる

子育てをしていると、受験や勉強など子どものことだけでなく、ママ友といった親同士のつき合い方についての悩みも深く、ストレスになることもしばしばありますよね。**私は、「ストレスになるママ友ならいらない」と考えています。**

ママ友を必要とする気持ちはわかります。子育ては誰もが不安なもの。あらゆる情報があふれている時代だからこそ、不安になって誰かに相談したり、迷ったときに意見を聞きたくなったりするのかもしれません。

世のお母さんのなかには、周りのお母さんに、何かを言いたがる、発言力、発信力が強い人がいます。そんなお母さんがなんだか頼もしく見えたりします。

ただ、気をつけてください。最初は軽い相談をしたつもりが、だんだんと自分の生活に深く入り込んでくる人もいます。そして、口出しされたり、干渉されたり、自分の育児を否定されたり……。そうなると、かなりのストレスになってしまいますよね。

子どもが幼稚園のときには、〝ボスママ〟がいたこともありました。ボスママの言う通りにしないと、子どもがいじめられることもあったようです。陰湿な世界ですよね。母親の力関係が子ども同士の関係に及んでいたようで、理不尽です。

そんなことで**悩んでほしくないのです。親としてやるべきことは無限にあるのですから。**

ストレスになるくらいなら、いっそ「ママ友はいらない！」と腹をくくってしまうことです。たくさんある情報のなかで何が正しいか。**「自分が責任をとる」という覚悟を持って、自分で調べてみて、自分で判断することです。**

最後は自分で決める。そう腹をくくることによって、他人の意見に振り回されなくなります。本や新聞を読んだり、気になるテーマの講演会に足を運んだりしながら学んで、自分の意見、教育方針などをしっかりと持ちたいですね。

ママ友の弊害はまだあります。最初は対等な立場でも、子どもの習い事の出来、不出来や学校の成績の良しあしがそのまま、母親の力関係になってしまうケースが少なくないことです。

子どもが幼稚園や小学校の低学年のころに、ママ友同士で「一緒にお稽古事をしませんか?」と誘い合うことがよくあります。一緒にピアノやスイミングなどを習わせるのは楽しそう、子どもを送ったあとに迎えにいくまでの間、一緒にお茶を飲みながら育児の話もできると考えて、**一緒に習い事をさせようと思うお母さんもいるかと思います。しかし、これはおススメできません。**

習い事は子どもによって上達の速度が違います。子どもの進み具合によって、母親の間に微妙な力関係が生まれたり、**一緒に行っているお子さんと自分の子どもを比較してしまったりするからです。**

習い事を通して、ほかのお母さんと知り合うのはいいのですが、**最初からママ友同士で誘い合っていくのは、のちのち人間関係がこじれることになりやすいので、やめた方がいいでしょう。**特に、3人で行くのはよくないですね。2人と1人に分かれることになりやすいからです。お稽古事はひとりで行くか、近所のよく知っている人と行くのがいいと思います。

ママ友とは、深くつき合いすぎないことがコツです。ただでさえ、親は、子どもの身の回りの世話や、勉強のサポートで大変です。ママ友との関係で悩んでいるのは時間がもったいないし、精神衛生上もよくありません。

ママ友の言うことに振り回されるくらいなら、「ママ友はいらない」と腹をくくること。そうすれば、ママ友でも、きっとストレスにならずに話し合える人、協力し合える人に出会えますよ。

ママ友というより恩人

ママ友がすべてよくないというわけではなく、私にも、今でも親しくしているママ友がいます。そのひとりは、ご近所の方です。私の子どもたちは、彼女のお子さんと同じスイミングに通っていました。上の子が長男と同じ学年で、下の子が次男の一つ下の学年でした。炎天下、子どもたちを幼稚園に迎えにいったあと、トボトボ歩いて帰ってきたとき、彼女は、「佐藤さん、お疲れさま」と言って、私と子どもたちに冷たいそうめんを用意してくれていたのです。そのそうめんのおいしかったこと。私がくたくたになっている様子を見て、「夕方までお子さんを預かるから、少し寝たら」と休ませてくれました。いつも助けてくれた彼女は、ママ友というより、恩人です。本当に感謝しています。

第5章

今から知っておけば安心！合格へ導く大学受験の法則

黄金ルール

35〜42

黄金ルール

35

難しく考えないで。大学受験はシンプルです

この章では、子どもに対するサポートの総仕上げともいえる大学受験についてお話しします。ほかの本にも模試の活用法など具体的な受験テクニックは載っていますが、この本では、なぜその方法が有効なのか、大本になる私の考え方から説明したいと思います。

目指す大学や学部によって問題の傾向も違い、出題範囲も変わってきますが、**受験の法則がわかれば、どんな大学にも対応できます。**

大学受験となると、どうしても難しく考えがちですが、ルールはいたってシンプルです。推薦入試やＡＯ入試は面接官の主観も入りますが、一般入試は、点数だけで決まります。**入試日に、入試問題を確実に解ければ合格するのです。**ほかの受験生より

1点でも多く正解し、定員に入る得点をとればいいのです。

入試日までの時間はみな同じ。その時間に何をやるかで合否が決まります。

入試日に実力を発揮するために、**4人の子どもの受験で実践してきたのが「問題集主義」です。**問題集主義とは問題集を中心にした勉強方法です。これにはメリットがたくさんあります。問題集主義と対極にあるのが「参考書主義」ですね。

勉強では理解して覚える作業に時間を割きがちですが、**ある程度勉強して覚えたら、ひとまず問題集を解いてみましょう。**参考書で「完璧に覚えてから問題を解く」という受験生が多いと思いますが、完璧に覚えられる日が来るのは一体いつなんでしょうか。悪い点数をとるのを見たくないから、先送りしているだけだと思います。**できないという事実をおそれず、現実をしっかりと見なくてはいけません。**

授業を受けたり、教科書や参考書を読んだりして、「わかったつもり」でも、いざ問題を解いてみると、解けないことがあります。しかし、問題集を解くことによって、苦手分野を発見できます。

苦手なところがわかったら、教科書や参考書で補強する。ほとんどわからないようであれば、既に終えた学年の教科書まで戻ってください。

問題集を1冊終わらせたら、別の新しい問題集をやるのではなく、**同じ問題集を解き直しましょう。反復してやることが知識の定着につながります。**最初にやったときにはまったく解けなかった問題が、2回目、3回目とやるうちに、だんだんと速く、正確に解けるようになり、自信につながります。

「問題集を○周して、解けるようになった！」という自信は、入試日に大きな力になります。入試は、学力だけでなく、精神的な要素が大きく関係してきます。入試日に自分の学力に自信を持って臨めるようにすることが大切なのです。本番に力を発揮できるメンタルを育てるうえでも問題集主義は有効なのです。

問題集主義は模試や志望大学の過去問題にも応用して、何度も解いてみてください。これも本番での自信につながります。

特定の大学名を冠した「○○模試」は、その大学を志望している場合には、ぜひ受けてください。４人の子どもたちは夏と秋には駿台、河合塾、代ゼミの東大模試を受けました。

子どもたちは12月になってから、センター試験だけで必要な社会の過去問を何周も解いていました。センター試験が終わってから2次試験までは、ひたすら東大の過去問を解く毎日。過去7年の入試問題を収録した赤本のほかに、科目別に25年分の入試問題を収録した赤本を入手していました。普段はリビングで勉強していましたが、直前期には2階の過去問を解く部屋に行き、時間を計って解いていました。

受験はシンプルです。入試当日に、問題を解けるようにする。そのために**必要な知識の定着とメンタルの強化には「問題集主義」が有効なのです。**

捨てる勇気を持つ

多くの受験生は、あれもこれもやろうとしすぎます。例えば、英語でいえば、単語、英作文、文法などすべてをやろうとして、それぞれ何冊も本を集めて、結局どれも完全にはできなかったということがあります。そうならないためには、優先順位をつけて、今やらなくてもいいものを思い切って捨てることがコツです。不安に思うかもしれませんが、いろいろなものに手を出して、どれも中途半端なのが一番よくありません。お子さんが今、具体的に何を勉強しているか把握して「優先順位の低いものは思い切って捨てる勇気を持つ」大切さを伝えてください。

黄金ルール
36

計画は分単位で立てる！後悔しないための時間管理術

18歳までの時間は限られています。

高1、高2くらいのときには、大学受験はまだ先のことで、まだまだ時間がたくさんあると思いがち。でも、**1日のだいたい3分の1くらいは寝ていますから、勉強できる時間は意外と少ないのです。**

例えば、高1なら「受験まであと3年ある」と思うかもしれませんが、1日の3分の1を寝ていると考えたら、勉強できるのは正味2年しかないのです。高3になって慌てたり、受験直前期になって焦ったりする受験生は少なくないですよね。そして、「もっと前からちゃんと勉強をしておけばよかった……」と後悔するのです。

志望校に不合格になる受験生や成績が思うように伸びないお子さんは、やはり勉強量がほかの人より少ないように思います。**勉強したことがいつでも取り出せる学力に変わるまでには、何度でも繰り返して、とにかくたくさんやらなくてはならないのです。**

そのためには時間が必要です。受験期には恋愛、テレビ、ゲーム、SNSなど余計なことをしている暇なんてありません。「○○したい」と思うことを我慢する意志の強さも大事です。やりたいことは合格してからやればいいのですから。

18歳までの勉強は、大学受験を通してその後の人生に生きてくる。そういう意味で学びの黄金期なんですね。受験までに勉強できる時間、1日に勉強できる時間、志望大学の入試の時間など、常に時間を意識することが大切です。

受験期は勉強の計画の立て方にも時間を意識することが大切です。それまでは時間単位の計画でもいいと思いますが、**受験生になったら、分単位で小刻みに勉強計画を立てた方がいい**と思います。時間単位の大ざっぱな計画では、無駄ができてしまうのです。

例えば、英語1時間、数学1時間、国語1時間という計画ではなく、英語の問題集

80分、数学の問題集80分、古文単語20分など、やりたいことを考えて、細かく時間を配分していくのです。受験期には夕食30分、入浴15分など、**勉強以外の時間も、1日のスケジュールの中に入れること**がポイントです。

なぜ、分単位なのか、疑問に思う方もいるでしょう。**入試の試験時間は、時間ではなく、分で表示されます。**例えば、東大の理科（理系）の試験時間は英語が120分、数学が150分、理科が2科目で150分、国語が100分です。1年分の過去問を解くのに、なんと520分もかかります。520分は8時間40分で、1日の3分の1以上の時間です。私は、受験までに勉強できる時間、過去問を1年分解く時間などを分で計算してみました。分で計算したときに、「時間がない」ということに気づきました。

みなさんには、一度、大学入試までの持ち時間を実際に分で計算してみることをおススメします。大学入試まであとどのくらい勉強する時間があるか、睡眠時間を除いた時間を、電卓をたたいて出してみてください。その持ち時間で、何回、過去問題を解けるか。意外と少ないと気づくはずです。**実際に計算してみて、「時間がない！」と**

いうことに気づくことが大切です。

最後に、もう一度。毎日、漫然と勉強するのではなく、日々、時間を意識して過ごしましょう。分単位で計画を立てるのは、受験までの残り時間を意識するためです。

「時間がない」と嘆いても、過ぎた時間はもう戻ってきません。この時間でできるのはこういったことなどと細かく具体的に計画を立てる。それしか道はありません。

今日から大学受験の日まで、分単位で計画を立て、時間を意識して毎日を過ごしてみてください。これはそれほど、難しいことではないですよ。それができたら、直前に後悔したり、焦ったりしないはずです。

黄金ルール

37

受験生の持ち時間は平等。計画はゴールから逆算がカギ

時間が足りない――。

多くの受験生は、直前期になったときに焦ります。「やりたかったことが終わらない。もう少し時間があったら……」と嘆くもの。でも、**受験生の持ち時間は平等です。その時間をいかに計画的に使うかです。**

受験勉強のスタートのときであれ、直前の時期であれ、計画の立て方は同じです。**ゴールから逆算して、やるべきことを日割り計算する。**それが鉄則です。2章のルール10のところで、絵本の読み聞かせを「3歳までに1万冊」達成するためには、1日に何冊読めばいいかを計算したことをお話ししました。それと同じですね。

まず、入試日までにやるべきことを書き出して、達成するためには、1日にどれだ

けやればいいかを計算してください。例えば、ある問題集を2周やるとか、3周やると決めたら、1日に何問やればいいかを計算するのです。計画倒れにならないよう、予備日を設けるなど余裕を持たせることもコツです。

また、**最初に立てた計画は〝絶対〟ではありません。随時、見直すことも必要です。**4月に年間計画を立てたら、成績の伸びや模試の結果などを見て、やるべきことを見直してください。現状を直視して、軌道修正する勇気を持ってほしいです。**常に微調整することが大切です。入試日までに苦手なところをどれだけなくせるかで合否が決まるのです。**

わが家では、次男が秋に受けた東大模試で、東大理Ⅲの合格可能性が50％のC判定でした。この結果が届いたのが12月上旬。センター試験まで残り1カ月半、東大入試まで残り2カ月半ほどという直前期でした（原因は、夏休みを遊んだということです）。**次男も私も危機感を募らせ、計画を見直すことにしました。**それまでは次男にある程度勉強を任せていましたが、私が本格的に乗り出すことにしました。

当初の計画では、12月はセンター試験で不安だった現代社会と国語の勉強だけをする予定でした。特に現代社会は11月まではあまり勉強していなかったこともあって、半分ぐらいしか得点できていませんでした。

しかし、東大模試がC判定とわかったので、センター試験対策だけではなく、東大入試の対策もしなくてはなりません。次男に東大の試験科目で何が不安かたずねると、「英語が不安」だと言うので、センター試験対策に加えて、東大の英語の過去問も1日に1年分やることに決めました。

年内は、1日にやるべき目標を、センター試験の現代社会の過去問を3年分、国語は2年分、東大の英語の過去問は1年分に決めました。最終的にはセンター試験の23年分の過去問を現代社会は2周、国語は1周、東大の英語の25年分の過去問を1周しました。

1月になると、現代社会は3周目に入りました。次男がセンター試験の問題を解いている間に、私が東大の英語の過去問の採点をしました。こうして、センター試験では目標通りの点数をとることができましたし、東大にも現役合格できました。

このように、入試日までにやるべきことを決め、達成するためには1日にどれだけやればいいかを日割り計算して、計画的に勉強すること、模試の結果を見て計画を見直すことが大事です。**漠然とやりたいことを決めているだけでは、時間切れになってやり残す可能性が高いのです。**

最後にもう一度。**「受験生の持ち時間は平等です」。合否は、持ち時間の過ごし方にかかっていると思ってください。**

苦手分野の効果的な覚え方

次男は、現代社会のセンター試験の過去問を23年分やると、「国際関係」の分野が弱いことがわかりました。社会に関しては、書かなくてもいいから、音読で覚えるのが効果的です。苦手分野を私が音読し、次男も音読し、目と耳をフルに使い、覚えていきました。黙読するよりも音読の方が記憶に残りやすいからです。過去問＋音読の方法で完璧に仕上げることができました。

黄金ルール
38

受験に完璧は禁句。暗記はすきま時間でOK

多くの受験生は、いろいろなものに手を出して、どれも完璧に仕上げようと、最初は張り切りすぎてしまいます。でも、そんなことなんて絶対無理。できません。「完璧にやるのは無理」ということを、まず、理解しておきましょう。

理由は、入試までの時間は限られているからです。**「完璧にやってから」と思っていると先に進めません。**やるべき範囲が終わらないという事態に陥ってしまいます。

そして、**人間は時間が経つと忘れる**ということです。そのときは「完璧にやって全部覚えた」と思っても、数週間後にはその何割かしか覚えていません。1回や2回やっただけでは覚えないのです。**何十回もやって知識は定着するものなのです。**隅から隅まで丁寧に1回復習するよりも、何度も繰り返す方が有効です。

完璧にやろうとするのではなく、効率よく時間を使うことを考えてください。受験までまだ時間があると思って毎日を過ごし、受験生になってから「時間が足りない」と嘆く人は少なくありません。

1日は24時間ですから、すきま時間を有効活用してください。**すきま時間にやるのに適しているのが暗記です。**

数時間も机に向かって、英単語を覚えようとする受験生もいるようですが、時間の使い方がもったいないと思います。机に向かうときには、一定の時間を割く必要がある問題集に取り組むのがいいですね。

英単語、古文単語、漢字などはすきま時間に覚えましょう。通学で電車に乗っている時間、駅で電車や家族の迎えの車を待っている時間、ちょっと横になったとき、入浴時間など、**1日のなかにすきま時間はたくさんあります。**ちなみに、単語類は、問題を解きながら出てきたものを覚える方が効率がよく、文章のなかに出てきた言葉は記憶に残りやすいですよね。

わが家では**中学受験の直前期には、食事の時間を暗記の時間にしました。**事前に、子どもが模試や問題集などで間違えたところをチェックして、ノートに大きな文字で暗記すべき言葉を書いて準備。子どもが食事をしているときに、そのノートを次々にめくって見せました。

のんびりと食事を楽しむのは受験が終わってからできますから、直前期には親御さんが協力して、食事の時間も有効に使いたいですね。**毎日の積み重ねが大きな力になり、覚えられなかったことが覚えられるようになります。**

人間は忘れる動物です。人間は何事も完璧にはできません。だから知識を定着させるには、何度も繰り返すことが重要です。すきま時間は1日の中にたくさんあるので、それを活用すれば効率よく覚えることができます。

勉強以外で親が代わりにやることで子どもの時間を生み出せる場合、ためらわず親御さんがやってあげてください。勉強に取りかかる前に、いろいろな準備をする時間も、1回あたりは短い時間でも、1年間だとかなりの時間になります。ですから勉強に取りかかる前の準備を、親御さんがぜひ手伝ってあげてほしいです。

具体的には、その日にやるべきものを用意して付箋をつけておく、やるべき問題をコピーしてノートに貼っておく、筆記用具を用意するなどです。そのほか、参考書や問題集を買ったり、模試の申し込みをしたりなど、**子どもに頼まれたことは喜んでお手伝いしましょう。**

時間は限られているのですから、**親が手伝うことで子どもの時間を節約し、その時間を勉強にあてるのです。**受験は時間との闘いです。いかに効率よく勉強するかが大事です。

子どもの性格が表れた電子辞書

辞書は、紙の辞書ではなく電子辞書がおススメです。紙の辞書にもメリットはありますが、調べたいことがすぐに出てくる電子辞書の方が圧倒的に効率がいいのです。わが家では、4人の子どもたちが中学生になったときに、電子辞書を持たせました。高校卒業までの6年間に電子辞書が壊れた回数は、調べることが大好きだった三男が3回、わからないことがあれば調べていた長男と長女が各1回。壊れたら、すぐに買い替えました。次男の電子辞書は壊れませんでした。どのくらい調べ物をしていたかがなんとなくわかり、子どもたちの性格通りだな、って思いました（笑）。

黄金ルール

39

暗記と苦手な部分は除夜の鐘までに終わらせること

受験生にとって、大みそか、元日は特別な日です。12月31日も1月1日もほかの日と変わらず24時間ですが、大学受験を控えたお子さんとご家族にとって、その2日は、まったく違う意味を持ちます。

大学入試のセンター試験は1月に実施されます。年によって試験日は多少異なりますが、早い年だと13日と14日。年が明けてわずか2週間後です。1月になると、受験生は「いよいよ受験」という気持ちになります。

お子さんが、新しい年を明るい気持ちで自信を持って迎えることができるか、不安と焦りを感じたまま迎えてしまうかは、除夜の鐘までに暗記すべきことを暗記できたかどうかにかかっていると言っても、過言ではありません。

不安や焦りがあると、気持ちが落ち着かず、勉強に集中できません。こんな精神状態では、ラストスパートをかけることができません。

一方、除夜の鐘までに予定通りに覚えることを覚えられたら、気持ちよく新年を迎え、「このままラストスパートをがんばろう」と、前向きで積極的な気持ちになれます。だからこそ「年内にやるべきことはやった。覚えることは覚えた」という達成感を感じながら、除夜の鐘の音を心安らかに親子で聞けるようにしましょう。そのためには、除夜の鐘までに暗記系のやるべきことを終えられるように計画を立てることです。年末は冬休み中ですから、もしも**計画通りいっていなければ、なんとしてでも除夜の鐘までに暗記もの、模試やテストで間違えてしまって本番でも心配なところ、気になる部分は終わらせてほしい**ですね。

年明けからは、体調を整えながら、今までやってきたものの見直しをしたり、センター試験の過去問を解いたりします。わが家の3兄弟は体力があったので、センター試験を目前に控えた冬休みには、食事、お風呂、トイレ以外の時間はすべて勉強にあてて、毎日15時間くらい勉強していました。

暗記ものと気になるところは、泣いても笑っても除夜の鐘まで。受験生やその親御さんは、このことをしっかり心に留めて勉強の計画を立ててください。

黄金ルール
40

最後の２週間の過ごし方。本番の時間帯に身体を慣らす

わが家では、１月１日からは、受験生だけではなく、家族全員が就寝時間を12時から11時に早めました。入試の直前期の過ごし方は、時間を効率的に使うというだけでなく、**身体を本番の時間帯に慣らすことも大切です。**本番に持てる力を発揮するための工夫の一つです。

わが家の４人の子どもは、センター試験が終わってから東大入試までは、試験本番の時間を意識して勉強をしていました。１日のスケジュールを大きな紙に書いて貼り出し、それに沿って勉強します。問題を試験時間内に解けるようにすることはもちろんですが、**最後の２週間は、試験が行われる時間帯に集中力を高められるよう、本番と同じ時間帯に過去問を解く**ようにしていました。

三男は、食べたら眠くなるタイプ。「昼食後に2時間昼寝をとってから勉強したい」と言うので、数日間そうさせたのですが、「これでは、本番で同じ時間帯に寝てしまうからダメだ」と感じ、兄たちと同じように、本番のスケジュール通りに過去問を解き、生活のリズムを整えました。

夜型で勉強していたお子さんは、**試験が始まる時間の3時間前にお母さんが起こして、**朝型のリズムに戻るよう、お手伝いしてください。

時間の使い方以外でも、直前期に親が気をつけたいことはあります。

1　親は態度を変えない

心配でつい「大丈夫？」などと言いたくなりますが、**親が不安そうにしているとこどもも不安になる**ため、今までと変わらない態度で温かく見守ってください。

2　健康管理は鍋がおススメ

家族全員、インフルエンザの予防接種を2回受けるのはもちろん、風邪をひかせないよう、食事にも気をつけたいですね。鍋料理は身体が温まるし、バランスよく栄養をとれるし、家族みんなで楽しく食べられるのでおススメです。わが家では、豚肉を使ったちゃんこ鍋や、鶏の手羽先を入れた水炊きが多かったですね。

3　神頼みはしなくていい

受験生の親は忙しいので、合格祈願には行かなくてもいいのです。毎日、やるべきことを丁寧に淡々とやることの方が大切です。どうしてもお守りがほしいならば、受験生の心の支えにもなりますから手に入れてもいいでしょう。でも、それはおじいちゃん、おばあちゃんに頼みましょう。**親が行くのなら高2より前に。**

4　ホテルに泊まる場合は1年前に予約

12月中旬ころにセンター試験の試験場がわかります。自宅から遠い場合には、試験場近くのホテルをすぐに予約。２次試験についても同様で、受験を決めたら、すぐにホテルを予約しましょう。私はいつも**1年前に予約していました。**

5　試験会場まで親がつき添う

前日にホテルに一緒に泊まる場合には、朝起こす、朝ご飯を買う、チェックアウトなどを親がやり、子どもには受験以外のことに神経を使わせないようにしてください。**やりすぎ、ということはありません。親が手をかけられるのも最後ですよ。**

黄金ルール

41

男の子と競う受験。女の子は早め早めが正解です

男の子は雑だけど速い、女の子は丁寧なので時間がかかる。

一概には言えませんが、男の子3人と女の子1人を育てて、そんな印象を受けました。**男の子の特徴の方が受験という制度には向いています。**

例えば、娘は、兄たちと違って、テストの見直しも隅から隅まできっちり、時間をかけてやるタイプでした。でも、人間って忘れるんですよ。**丁寧に見直しをやったからといって覚えられるわけではないのです。**1回の見直しで10あるうちの九つは忘れ、一つだけしか覚えられないなら、たくさん何度もやった方が覚えられます。**受験勉強はとにかく重要なところを何度も回す、数をこなすのがコツなのです。**

さらに、一般的に男の子の方が体力があり、猛勉強に耐えうるので、高校3年生に

なってからぐんぐん成績を伸ばし、自分よりも成績がよかった女の子を抜いていく傾向があります。

そう考えると、やはり男の子と女の子の受験対策は違います。女の子は早め早めに受験勉強をスタートさせた方がいいですね。

わが家の3兄弟は部活動に打ち込んでいたこともあり、東大に強い塾・鉄緑会（東大・京大・国公医受験指導専門塾）に通い始めたのは中学3年か高校1年のときでした。部活を引退してからの勉強で学力を伸ばしていく様子を見ていました。受験は、そういう男の子と競います。だから、娘は兄たちより早い中学1年から鉄緑会に通わせました。

女の子の場合、がんばりすぎにも注意してあげてください。娘が高校2年の2月ごろ、睡眠時間を削って勉強していたせいか、熱が出て、だるさを感じるようになりました。3月の終わりには首にしこりができて、医師から「急性リンパ節炎が疑われる」と言われました。

病院で偶然会ったママ友から、お子さんが娘と同じ症状で、お子さんがゆっくりと休むうちに治った話を聞きました。

そのとき、**「命が一番大事。受験できなくても仕方ない。焦らずに治そう」**と覚悟を決めました。高校3年の4月は、ほとんど学校に行けず、受験の出ばなをくじかれた感じでした。でも、ゆっくりと休むうちに次第に体調が回復し、5月中旬にはしこりも消えました。

夏休み中も、息子たちは7~8時間の睡眠時間で大丈夫でしたが、長女は疲れているときには早く休ませて、9~11時間も睡眠をとることがありました。

無理をさせないことを常に考え、秋からはヨーグルトや乳酸菌飲料など健康維持に役立つ食品を毎日とらせるなど、特に体調管理に気をつけました。

娘は、東大入試の前日と1日目は、ともに夜7時15分ごろにベッドでノートを見ているうちに眠ってしまったんです。「真夜中に目が覚め、そのまま朝まで眠れなかったらどうしよう」と心配になり、息子たちに相談しました。3人とも「そのまま寝かせてあげて」と言うのでそうしたら、2日とも朝6時には自分で起きて、11時間たっぷりと寝て、受験に臨みました。

長女は何事も真面目にきっちりとやるタイプですが、のんびりとしています。高3という大切な時期にゆっくりと休みながらも、現役合格できたのは、中1から鉄緑会に通い、進度が速いカリキュラムで勉強していたからだと思います。

やはり、女の子の受験は、早め早めが正解なのです。

娘と高3の夏の冷戦

2日間、口をきかない大げんかをしたことがあります。原因は塾の夏期講習。息子たちは素直に私の言うことを聞いて、夏期講習に行かず、自宅でひたすら模試の過去問を解きました。娘は春先に病気をしたため、暑い夏に塾通いで体力を消耗しないように、兄たちと同じ方法を勧めました。しかし、娘は夏期講習に行きたいと主張。「ママは、自分のやり方でたまたま成功したかもしれないけど、私は灘ではないから、同じようにはいかないのよ」と言われ、私もさすがに頭にきました。東京に住む兄たちは電話で妹と話し、「ママのおかげでうまくいった。言うことを聞いた方がいいよ」とアドバイスしてくれました。一方で、妹の気持ちも考えて、「2日間だけ夏期講習に行く」という折衷案を提案、そうすることになりました。兄たちは実家を出ていて、末っ子の娘は私と2人きり。息抜きに外出したかったのかもしれませんね。女同士の反発もあったのかもしれません（笑）。

黄金ルール
42

受験生でも女の子の美容は大事！「きれいにしたい」は否定しない

ストレスフルな受験期には、子どもの気持ちを大切にして、テンションを上げて勉強できるようにすることが大切です。

受験期といえども、女の子は、おしゃれをしたいし、身だしなみに気を使いたい年ごろです。**「勉強だけに集中しなさい！」と言って否定するよりも、逆にその気持ちを大切にして、やる気をアップさせる方が得策です。**

とはいえ、受験期におしゃれや美容に費やす時間はありません。勉強の時間を確保しつつ何ができるか、工夫して考えましょう。それこそ、母親の役割ですね。

娘の場合、セミロングヘアの手入れを大切にしていました。娘は入浴に40分、ドライヤーでゆっくりと髪を乾かすのに40分もかけていました。対照的に、3人の息子たちは入浴時間も短かったし、入浴後に5分くらいで髪を乾かしていました。

受験までの持ち時間は平等で、男の子でも女の子でも一緒です。時間は無駄にはできません。髪を切れば洗髪に時間がかからなくなるでしょう。

でも「切りなさい」とは言いませんでした。なぜなら、時間をかけて髪をゆっくりと洗いたい、髪をきれいにしていたいという女の子の気持ちもよくわかったからです。バスタイムは娘のリラックスする時間になっていました。毎日を気持ちよく過ごせるのならばと思い、入浴時間が長くても何も言いませんでした。

ただ、受験の追い込み時期の高校3年になってからも入浴と髪を乾かすのに1時間20分も使うのはさすがに長すぎます。「もっと早くして!」と心のなかで少しイライラしていました。

けれども、それで怒ってはいけないのです。娘はもともとのんびりした性格だし、きれいにしたいという思いは大事にしてあげたいと思っていたので。

娘の気持ちを尊重しつつも、**勉強する時間を確保するために、高校3年の10月ころからは私が髪を乾かすのを担当し、娘は髪が乾くまでの時間に、英単語や古文単語のチ**

エックをしたりしていました。髪をきれいに保てて勉強もはかどるから娘は喜んでいましたね。

センター試験まであと1カ月半ほどとなった高3の12月からは、一緒にお風呂に入り、髪の毛を洗ってあげるようにしました。「洗ってもらうと楽～」と喜んでいましたね。背中も洗ってあげると「気持ちいい」とうれしそうだったので、東大入試までの約3カ月間、一緒にお風呂に入りました。

また、女の子は男の子よりも匂いに敏感なようです。きっと、シャンプーや柔軟剤の香りに癒やされるのだと思います。息子たちは体操服の香りや着心地などを気にしたことは一度もなかったため、体操服を洗うときに柔軟剤を使ったことはありませんでした。ところが娘は、一度、友人から体操服を借りたときに、「ふわふわしていて、いい香りがしたから、うちも柔軟剤を使ってほしい」と言うのです。それから、体操服を洗うときに柔軟剤を使うようにしました。

娘が中学3年くらいのころからは、ネットで調べて、「これを使ってみたい」とシャンプーとリンスのリクエストがありました。それまではワンボトル数百円のものを使っていましたが、だんだん値段の高いものになりました。しかし、それで娘が毎日を笑顔でいられるのならば、と使っていました。

受験期でも、女の子にとって美容は大事です。ストレスフルな受験期を乗り越えるために必要なことでもあります。「きれいにしたい」という気持ちは否定せず、むしろその気持ちを大切にしつつ、勉強時間を確保する方法を工夫してください。

母娘だからこそ

女同士だからこその楽しい会話もありました。世界史の勉強をするとき、あまり聞いたことがないカタカナって覚えにくい。だから、人名や芸術作品、遺跡などが出てきたときにはネットで写真を調べました。実際に見ると記憶に残ります。「イギリスの詩人・バイロンはイケメンやね」などと、ガールズトークで盛り上がりました。子どもをよく見て、個性を把握し、向いている勉強方法を考えてサポートするのは、お母さんの大切な役割だと思います。

第6章

家族の結論！ 0歳から18歳まで「ママの言う通りにしてよかった！」

長男から

後回しにしない母。調べる習慣は母の姿を見ていたから

母に特に感謝しているのは、僕のやりたいことを尊重し、やらせてくれたことです。やりたいことを否定されたことはありません。部活のサッカーも途中でやめさせられることはなかったです。

それどころか母は毎朝4時半に起きて、お弁当だけではなく、おにぎりも作ってくれました。成長期はスポーツをしていると、おなかが減るんですね。自宅を6時ぐらいに出て、ゆっくり朝食をとる余裕がなかったため、2時間目が終わったころにお弁当を食べ、お昼におにぎりを食べていました。

おかげで、高校3年の7月までサッカーに打ち込むことができました。やりきった感、達成感がありましたね。高いスパイクを買ってもらったことにも感謝（笑）。引退後は、注いでいたエネルギーを勉強に切り替えて、がんばることができました。

1歳ころから公文、3歳からバイオリン、4歳からスイミングに通いました。中学受験のために浜学園に通い始める（小学3年の2月）まで続け、習慣づけてやるということが身についたように思います。

中学受験までは、母が勉強の計画を立てて、勉強中もそばにいてくれました。学校の宿題も塾の宿題もきちんとやれるよう、日割り計算してくれて、計画通り完璧にこなしました。模試や中学受験の計画も母が立ててくれました。小学生が勉強の計画を立て、何を最優先にすべきか考えるのは大変なので、サポートしてもらえてよかったです。

中学以降は自分で計画を立て、勉強方法も考えました。自分でスケジュール管理できたのは、母のおかげで勉強の習慣がついていたからだと思っています。性格的にコツコツ勉強するタイプなので、母には、「4人の子どもの

なかで一番手がかからなかった」と言われています。

幼いころ、わからないこと、知りたいことがあれば、何でも母に聞いていました。母は絶対に後回しにせず、家事をやっていても中断して教えてくれて、わからないときには調べてくれました。成長して、わからないことがあればすぐに調べるクセがついたのも、母の姿を見ていたからだと思います。

4人きょうだいの長男ですが、「お兄ちゃんだから、○○しなさい」と言われたことはありません。母は4人きょうだいの個性を尊重しながら、みな同じように接してくれました。食べ物やお菓子の量も同じで、おもちゃも人数分買ってくれて、きょうだいを比較することが一度もなかった。そのためか、きょうだいの仲は子どものときも大人になった今もいいですね。

わが家は子どもに勉強ばかりさせていたと誤解する人もいるようですが、そんなことはなく、家族の思い出はたくさん残っています。

わが家のリビングにはテレビがないので、普段はほとんどテレビを見ませんでしたが、習い事のバイオリンから帰ってくると、ちょうど「名探偵コナン」が始まる時間。みんなで2階に上がって見て、楽しかったですね。

きょうだいのなかの誰かが受験のときには旅行に行けませんが、それ以外の時期には家族旅行も楽しみました。年子の弟の中学受験が終わった春休みに、家族6人と祖母とで城崎温泉に行ったのが特に思い出に残っています。

両親は進路に対して、一切何も言わず、任せてくれました。理系科目が得意だったこと、弁護士の父のような資格職につきたいと思っていたこと、医師を目指す同級生が多かったことなどから、医学部に進学しました。

これから診療科を決めますが、中学、高校、大学とサッカーをやってきたこともあり、今のところは整形外科に進みたいと考えています。医師は一生学び続ける職業です。子どものころから勉強の習慣がついていますので、謙虚に学び続け、活躍できる医師になりたいですね。

次男から

勉強以外でも感謝。母のおかげできれいな歯。大切にしたい

早起きしてお弁当を作ってくれたこと、教育費を惜しまず問題集や参考書を買ってくれたこと、赤本を使いやすいように製本しなおしてくれたこと……。勉強はもちろん、それ以外でも、母に感謝していることはたくさんあります。

例えば、私たちきょうだいはみんな歯がきれいで、虫歯がありません。それも母のおかげ。子どものころ、3カ月に1回ぐらいのペースで歯科医院に行き、歯を磨いてもらい、虫歯になっていないかチェックしてもらっていました。小6まで、母がひとり20分ぐらいかけて、毎日、丁寧に磨いてくれました。中学以降は自分で丁寧に磨き、虫歯は1本もありません。虫歯を甘く見てはいけません。病気の元になるからです。母のおかげで虫歯がないきれいな歯なのだから、これからも大切にしたいです。

高校時代、何事もきっちりとこなす兄の成績は上位で、一方、私の成績は兄ほどよくなかった。3年秋の東大模試はC判定。英語が少し不安だったので、12月上旬からは、東大の英語の過去問を徹底的にやることにしました。英語は英作文や要約など、自分では採点が難しい問題がありますよね。母は高校の英語の先生をしていたので、採点を頼みました。解いたらすぐに母が採点してアドバイスしてくれたので、心強かった。

英語の文法や単語はしっかり勉強していたので、年が明けたあたりから、手ごたえを感じました。年明けからぐんぐん成績が伸びて、合格することができました。

大学5年生だった3年前、母の「受験に恋愛は無駄」の発言が、ネットで

炎上しました。炎上を鎮めるために、3人兄弟の誰かが発信した方がいいと思ったけど、兄も弟も目立ちたくないタイプ。私は高校時代、仲のいい友達と漫才コンビを結成して、高1と高2の文化祭で披露し、高2のときにはM−1グランプリの予選にも出場するなど、目立つことが苦ではないので、私がフェイスブックで発言することにしました。兄と弟には、「僕が火消しをするから、任せて」と伝えました。

当時、子どもの意見を聞きたいという取材依頼もありましたが、お断りしました。「受験に受かるための努力は勿論致しましたが、それだけであり、自分たちはまだ何も成し遂げておりません。これから先もっと精進して、自分の功績を打ち立てた時こそ、また注目していただけるよう努力していきたいと思います」と考えたからです。その考えは今も変わりません。

父と同じ弁護士になろうと思ったことはありますが、理系科目が得意で、社会科が好きではなかったので、理科系に進みました。

現在、研修医2年目です。患者に寄り添う心、思いやりは当たり前。大事なのは腕の良さです。どの診療科に進むか、迷っています。救命救急も魅力的ですが、せっかく東大医学部に入ったのだから、基礎研究もしたい。じっくりと研究もできそうな循環器内科や、がん、膠原病、免疫の研究に興味があります。今後、人の役に立つ研究をして、何かを成し遂げられるよう、精進していきたいと思っています。

小学生の夏休みにログハウスに泊まったことが楽しい思い出です。妹は大学に合格してから、小さいころのように家族旅行に行きたがっていましたが、なかなか6人の予定が合いません。

昨年8月に家族全員が私の自宅に集合することになりました。楽しみにしていましたが、なんと私に急に当直が入ってしまったのです。当直を終えて朝9時に自宅に戻ると、弟は帰っていました。昔はきょうだい4人全員が同じリビングで一緒に勉強していたのに、今はなかなか同じ部屋にそろうことがありません。大人になると、それぞれに忙しいから、仕方ありませんね。

三男から

教育費は惜しみなく使ってくれた。性格に合わせて勉強法を工夫してくれた

母は僕たちが幼いときから、子どもたちの性格や個性に合わせて、勉強法を工夫してくれました。例えば、僕は、きょうだいのなかで、一番キッチンタイマーを使ったと思います。

僕は小学生のころ、兄たちよりも集中力がなかったそうです。中学受験で通った浜学園の先生から「15分くらいしか集中力が続かない」と聞いた母は、先生からアドバイスを受け、ひとつの教科の勉強時間を15分に決めました。キッチンタイマーを15分にセットして、ピピピと鳴ると、途中でも次に移るため、次第に集中力がついてきたように思います。大学受験でもキッチンタイマーを活用し、試験時間の感覚をつかみ、時間内に解く訓練をしました。計算が遅くて、計算ミスが多かったのですが、原因のひとつが、筆圧が強いことだと母が気づいて指摘。筆圧を直すと、速く解けるようになりました。

浜学園のテストの成績にムラがあったのは、プレッシャーがあったのかもしれません。灘中に合格した兄たちが楽しそうにしていたので、「灘に行きたい。僕も灘に行かなければ」という思いは強かったですね。

母のサポート、兄たちのアドバイスのおかげで灘中に合格。卓球部に入部し、塾には行かず、のんびりと過ごしました。片道約1時間40分の電車通学の時間は、合格祝いで買ってもらったゲームを楽しみました。高1の終わりぐらいまで、往復の車中では勉強ではなく、ゲームをしていましたね。

母は、基本的に「〇〇しなさい」と干渉はしませんでした。ただ、中3になる前に、塾通いを勧められました。それでも、「そろそろ塾に行ったら」と言うくらい。当時はちょっとイヤだったのですが、結局、鉄緑会に中3から通うことに。今振り返れば、行ってよかったと思います。

母は、頼めば何でも喜んでやってくれました。ありがたかったですね。

浜学園では、問題を解きやすいように、算数の問題集の問題をコピーし、ノートの1ページに1問、貼るように言われました。母は、いつも僕のかわりにその作業をやってくれました。僕は準備されたものを解くだけでよかった。大学受験では、分厚い赤本をカッターで切り、年度ごとに製本してくれたのは、持ち運びに軽く、解きやすくて重宝しました。もう1回解きたくなったときのために、同じ赤本を2冊買ってくれたのも感謝しています。教育費は惜しみなく使ってくれました。

センター試験で選択する世界史の一問一答形式の問題集をやるときには、1問ずつ答えを言ってもらうこともありました。おかげで、効率的に勉強することができました。模試の申し込み、願書のチェックなども母がやってくれたので、安心でした。

勉強以外でも、鉛筆の持ち方、箸の持ち方、テーブルマナーなどを厳しく教えてくれたことに特に感謝しています。箸の持ち方がおかしい人や食事の姿勢が悪い人を目にすると、「母がしつけてくれてよかったな」と思います。

家族の思い出に残っているのは、小4のときに友達とも一緒に行った「愛・地球博」です。トヨタグループ館のロボット、日立グループ館の仮想空間を楽しむショーにわくわくしましたね。VR（バーチャルリアリティー）で、希少動物たちとの触れ合いを体験しました。

東大理Ⅲが目標になったのは高校生になったとき。兄を見習い、母のサポートもありましたが、中学以降の勉強法は自分で決めていました。じっくりと考えて物事を進める性格なので、気になることはとことん調べました。「そこまで受験に必要ないんじゃない」と言われても、自分のやり方を貫きました。時間はかかりましたが、自分で調べたことは記憶に残ります。

厳しい受験を勝ち抜くためには、自分に合った勉強法を見つけ、自分なりに改良を加えて、「自分のやり方」を見つけることが大事だと思います。

長女から

親元を離れて実感。幸せな18年間だった。母はいつも元気で明るかった

母は、私が頼んだことは何でもやってくれました。準備するものを伝えるのを忘れていて前日の夜に言ったときも、「もっと早く言ってよ〜」と言いながらも、ちゃんと用意してくれました。公文のときからずっと、母が勉強の準備をしてくれて、私は「問題を解くだけ」。大学受験の直前期には、無駄を省かなくてはならないから、母が用意してくれたのは本当に助かりました。

母も人間だから、もしかしたら気分が落ち込む日があったかもしれません。

でも、私たちの前では、母はいつも元気で、明るかった。そんな母を私は素晴らしいな、って思います。

私が中1になるとき、上の兄2人が、東大理Ⅲに合格。そのとき、「私も理Ⅲに行くんだろうな」って思いました。中3になるときには、四つ上の兄も理Ⅲに合格。兄たちは実家を離れ、子どもは私だけになったときには寂しかったけど、母がいつもそばにいてくれたので、孤独を感じずに大学受験までがんばることができました。

ちょっとがんばりすぎたのか、高2の2月ころ、体調を崩してしまいました。高3の5月中旬ぐらいまでゆっくりと休み、その後、受験勉強をがんばりましたが、疲れやすかったし、焦る気持ちもありました。

夏休みには大好きな母とけんかをしてしまい、2日間、口をききませんでした。私は夏期講習を受けたかったのに、母は、「ある程度学力がついているのだから、東大模試の過去問を解いた方がいい」と言うのです。体調が万全じゃなかったし、数学の調子が戻らなかったから、精神的に落ち込んでい

て、不安でした。それで、夏期講習を受けたかったのです。

母から相談を受けた兄たちは私に、「ママの言うことを聞いた方がいいよ」。一方で、私の気持ちも考えてくれて、「2日だけ夏期講習に行く」という折衷案も考えてくれました。結局、2日だけ夏期講習に行き、それ以外は東大模試の過去問をひたすら解き続けました。その結果、秋の東大模試では、成績優秀者に名前が出ました。「母の言うことを聞いてよかった!」って思いました(笑)。

高3の10月ころからは、母に頼んで、セミロングの髪を乾かしてもらうことにしました。その間に、英単語や古文単語をチェック。勉強がはかどったし、私のためにここまでやってくれることがうれしかったです。

12月から東大入試までの約3カ月間は、母と一緒にお風呂に入り、髪の毛と背中を洗ってもらいました。楽ちんだし、とても気持ちよかった。

センター試験だけで必要な世界史の対策を始めたのは12月1日から。母と一緒に、人名や芸術作品、遺跡などの写真をスマホでチェック。写真を見て、母とおしゃべりしながら楽しく勉強したので、記憶に残りました。

現在は大学生の兄と2人で暮らしています。自宅で家事を一切手伝っていなかったので、なかなか大変。「母は家事をしながら、私たちの勉強をサポートしてくれたんだなぁ……」と、親元を離れて、あらためて母に感謝の気持ちでいっぱいです。

今は母と離れて暮らしているけれど、いつも精神的な支えになっています。野菜が送られてきたときには、例えば「小松菜はどうやって調理するといいの？」と、母に調理法を聞いています。

大学に合格したら、家族で旅行したいと思っていましたが、なかなか6人の予定が合わず、実現していません。奈良で6人で暮らしていたときには、日々の家族との会話、読み聞かせ、童謡、トランプなど、日常生活のすべてが楽しかった。それぞれの誕生日にはみんなでお祝いしていました。「幸せな18年だったなぁ」って、つくづく思います。

夫から

精神的な強さも尊敬。ママの言う通りで間違いない！私の人生も豊かになった子育て

昨春、末っ子の長女も東大理Ⅲに合格し、４人の子ども全員が志望大学に進学しました。妻には、「子どもの教育は私に任せて！」と言われていたので任せていましたが、「妻はすごいな！」と思っています。

妻は子どもたちが大好きだから、全力で子どもたちをサポートしてきましたが、４人を分け隔てなく育て、同じように接していたのがすごい。私は男親ですから、やっぱり、末っ子の娘が一番かわいかった（笑）。

長男はきっちりとしていてソツがなくて安心感がありました。次男は積極的で面白い。三男はのんびり屋さんだけど、頑固なところがある。長女はのんびりしているけれど、負けず嫌いなところもありました。子どもの性格を考えて、勉強方法を変えていたようです。4人とも「ママの言う通りやれば間違いない」と信頼していましたね。

4人全員に反抗期がなかったこともすごい。子どもが小さいときから妻は寄り添い続け、きっちり育ててきたから反抗期がなかったのだと思います。

私は妻の「元気で明るくて、前向きなところ」が好きです。子どもたちもそうだと思います。発言が独り歩きして、ネットで炎上騒ぎがあったときも、妻はいつもと変わらず、明るかった。嫌なことはスルーする力があり、精神的に強いところも尊敬しています。

妻の本は全部読みました。さまざまなメソッドを「よくこんなこと考えたなぁ。工夫しているな」って、感心します。出演番組はすべて録画していますが、楽しみなので、リアルタイムでも見ています。

子育てでは、私が手伝ったこともあります。絵本を読むこと、童謡を歌うこと、子どもを遊ばせること、塾や駅への送迎です。カラオケが好きなので、

童謡は妻よりもたくさん歌いましたね。大好きな『荒城の月』は歌っていて気持ちよかったけれど、知らなかった『地下鉄』という曲は、音程をとるのに苦労しました（苦笑）。

図書館の本はひとり6冊まで借りられるため、家族6人で図書館に出かけ、36冊借りていたのも楽しい思い出です。親が本を読み、童謡を歌ったことで、子どもたちの人生、子どもたちの感情や感性が豊かになったのではないかと思います。同時に、妻と私の人生も豊かになり、子どもたちとの楽しい時間を過ごすことができました。

息子たちが小さいころには、プールに連れていったり、キャッチボールをしたり。長男と次男が灘に通い、三男が中学受験の勉強のときは、長女をプールに連れていっていましたね。

子どもの教育には、普段は何も言わなかったのですが、私が夜遅く帰ったときに勉強していたのを見て、さすがにかわいそうな気がして、「もう寝かせてやったら」と言ってしまったのです。そしたら、「子どもの教育は任せるって言ったでしょ。口出ししないで」と、ぴしゃり。それからは、口出しをするのはやめました。

息子3人が灘に通っていたときには、定期テストが同じ時期で、一斉にリビングに置いた勉強机に向かっていました。勉強好きの長女も兄たちのように机に向かい、4人が必死で勉強している光景は壮観で、心から応援していました。

長男が7歳、次男が6歳、三男が4歳、長女が10カ月のときに行ったグアム旅行が一番思い出に残っています。現在は長男と次男が研修医なので、6人の予定がなかなか合わないのがちょっと寂しいです。

4人の子どものうち誰かひとりでも、私と同じ弁護士の道に進んでほしいと思ったことはありますが、妻からくぎを刺されていたので、口にしませんでした。子どもたちの意思を尊重し、結果的に4人の子ども全員が医学部に進みました。子どもたちには人のためになる生き方をしてほしいですね。

「恋愛は無駄」でママが炎上!?　火消しに走った次男　感じた家族の絆

読者のみなさんは、ネットで私の発言が取り上げられて炎上騒ぎになったことはご存じだと思います。私たち家族は、あの経験から学んだこと、気づいたことがあります。皆さんの子育てにおいても参考になると思いますので、ここでお伝えしたいと思います。

きっかけは、2015年8月、精神科医の和田秀樹さんとの公開対談でした。司会者から「思春期の恋愛」について質問され、私は、「受験に恋愛は無駄です。1日は24時間しかありません。女の子と2〜3時間、お茶するのが年1回ならいいですけど、10回なら30時間！　その時間があれば参考書が1冊終わります。恋愛している場合ではないことを教えましょう」というような内容のお話をしました。**そのときの「受験**

に恋愛は無駄」という発言がマスコミで大きく取り上げられ、ネットで言葉が独り歩きをして大炎上したのです。

でも、当時私はネットを見なかったので、炎上騒ぎをまったく知りませんでした。息子たちから「大変だよ、ネットですごく炎上してる」と知らされたんです。知り合いのお母さん方からも「気にしなくていいよ」というメールが届きました。

炎上騒ぎを知っても、私自身はまったく落ち込みませんでした。いろいろ言われましたが、**「受験に恋愛は無駄」という考えは間違っていないと思っていたからです。もちろん、その考えは今も変わっていません。**

この騒ぎで、雑誌やテレビの取材を次々と受けましたが、落ち込んでいないので、はっきり言いたいことを言って、火に油を注いだ感じでした（笑）。「受験期には受験勉強以外は無駄でしょ」というシンプルなことを言いたかったのですが、みなさん、「恋愛」という言葉に過剰反応して飛びつくんですね。落ち込みはしなかったのですが、有名人だけでなく、私のような普通のおばちゃんでもネットで炎上するんだとびっくりはしましました（笑）。

私は外野の声をスルーしていたのですが、当時、大学生だった次男が火消しのために、フェイスブックに文章をアップしてくれたのです。高校生だった娘がＬＩＮＥでその画像を送ってくれて知りました。

次男のフェイスブックから
子どもが好きでたまらない母　子ども自慢が行き過ぎた

多くの人に心配していただいてるので投稿致しますが、母の発言はなんの資格も、社会的責任もない一個人の主婦のものですので、どうか皆さま温かい目で見てやってください。

世間からはもちろん色々と言われておりますが、僕個人は今まで面倒を見てくれた母には感謝こそあれ、特に反感などはありません。

今までも何度も、僕ら子供からの意見が聞きたいとテレビや雑誌から取材の依頼が来ましたが、まだまだ自分たちは未熟者であり、ただ受験を受かっているというだけで、そのようなものに出るわけにはいかないと断って参りました。

受験に受かるための努力は勿論致しましたが、それだけであり、自分たちはまだ何も成し遂げておりません。これから先もっと精進して、自分の功績を打ち立てた時こそ、また注目していただけるよう努力していきたいと思います。

客観的に見て、子供三人が灘から東大の医学部に進むのはすごいことだと思います。そしてそのために母が色々と骨を折ってくれたことは疑いようがありません。母の発言すべてが正しいわけでも、すべてが事実通りなわけでも勿論ございませんが、一部いらっしゃる、母の子育てに興味のあるお母様方へ、母の本や言葉が役立ちますことを祈っております。

母は子供が好きでたまらないという人です。つまるところ子供自慢が行き過ぎてしまったようです。

子供自慢は親なら誰しも当たり前でしょうが、自慢は行き過ぎると嫌味になりかねません。

今回の発言で不快な思いをされた方には大変申し訳なく思います。母自身はネットやSNSなどには疎く、今回の発言が話題になっていることも知らなかったそうです。

どうか母子共々今後ともご指導ご鞭撻のほどをよろしくお願い致します。

話題になったお陰様で本の売り上げは好調だそうです(^-^)/

ぜひご購読お願いいたします。(←宣伝)

炎上騒ぎを知っても**「周囲からどう思われようと、家族が理解してくれたらそれでいい」**と思っていました。だから、子どもたちや主人が心配してくれたこと、次男が私のために、思っていることを文章にしてくれたことはうれしかったです。

あのときは、お会いしたこともない専門の方からも非難されました。子どもたちはそれを見ながら、「ママはこんなつもりで僕たちを育てたわけではないのに、本人の意見を直接聞きもせずに非難するのは、やはりおかしい」と言っていました。そして、

子どもたちは「一生、人を非難することはしないことに決めたよ」と言っていました。

相手のことをほんの少し知っただけで、その背景も吟味せずに、簡単に批判する人が世の中には意外と多いですよね。特に匿名で発言できるネット上では。

そんないいかげんな声を真に受けて落ち込む必要はありません。私はそんな意見をスルーしていたし、自分の考えを変えることなく、落ち込むことはありませんでした。

外野からのネガティブな声を気にしない「スルー力」が大事だと思います。

また、私は、**無責任に人の批判をすることにも警鐘を鳴らしたいとも思うのです。**相手のことをよく知ろうともせず、ネットに匿名で、その人を否定するような内容を載せるのは無責任で愚かなことだと思います。

炎上騒ぎを通じて、家族の絆を感じることができたし、子どもたちが「相手のことをよく知らないのに、その人の意見も聞かずに、安易に批判したり、非難したりする」ことの愚かさや危険性を身をもって知ることができたのはよかったと思います。

佐藤ママ×佐藤パパの本音対談！

聞き手　中村千晶　撮影　品田裕美

「アンチがいてもいい。家族が一番の味方」

子ども4人全員を、最難関の東京大学理科Ⅲ類（医学部）に合格させ、注目される妻。「子の教育に関する責任は、100％母にある」を信条に、全身全霊で子どもに向き合ってきた。夫はそんな妻をどうサポートしたのだろう？

佐藤亮子 浜学園アドバイザー

さとう・りょうこ　大分県生まれ。津田塾大学卒業後、大分県内の私立高校で2年間、英語教師として勤務。結婚後、1991年から長男、次男、三男、長女と4人の子に恵まれ、4人全員を東京大学理科Ⅲ類（医学部）に入学させたとして話題になる。そのノウハウや子育て法を書いた書籍や講演などで活躍中。著書に『受験は母親が9割』（朝日新聞出版）、『佐藤ママの強運子育て心得帖　幸せと成功を引き寄せる53の言葉』（小学館）、『3男1女東大理Ⅲの母　私は6歳までに子どもをこう育てました』（中央公論新社）。

佐藤真理 弁護士

さとう・まさみち　大分県生まれ。東京大学を卒業後、1976年に司法試験に合格。79年に弁護士となる。「奈良合同法律事務所」に所属。「憲法9条と平和を守る」信念に基づき、日本共産党から衆議院選挙に出馬した経験も持つ。座右の銘は「初心忘るべからず」（世阿弥）、「千万人と雖も吾往かん」（孟子）。

夫　僕は子育てには一切、口を出していません。協力したのは絵本の読み聞かせと、童謡を歌って聴かせたこと。あとは学校や塾に通う子どもたちの送迎かな。

妻　主人は仕事は一生懸命するけれど、お皿一枚洗わない人ですからね。たとえではなくて、ホントに洗わないいんですよ！　でもシンクが洗い物の山になっていても、文句は言わない。

夫　言ったら「洗って」と言われるのがわかっていますから。

妻　そう、言質を取られるようなことはしない。弁護士の卑怯なところです（笑）。でも振り返ってみると、そういう姿勢でいてくれたことがラクで、助かったのかもなあと思います。

ともに大分県出身。夫は教師をしていた両親に育てられ、東京大学へ進学。奈良県で弁護士として働き始めたとき、妻とお見合いで出会った。

妻 私が大分の高校に勤め始めたころです。

夫 彼女はそりゃあ美人だし、明るくて元気でしょ。僕はすぐに「この人だ」と決めた。

妻 私は地味でカチカチでおもしろみのなさそうな人だなあと思ったけど（笑）、でも温和そうだし、実家も近くて、育った環境がなんとなく似ていた。それが決め手だったかな。

1年後に結婚。妻は専業主婦として子育てに専念すると決めていた。理由は教師時代に「子どもにとって母親の影響がいかに大きいか」を痛感したからだ。

親子で「でもね～先生」こんなに影響するんだ！

妻 教え子に英語が苦手な2人の女の子がいたんです。彼女たちに1カ月間の勉強スケジュールと問題集を渡して

「1週間ごとに先生のところに見せに来てね」と言った。A子さんはきちんとやってくるんですが、B子さんは全然やってこない。「なぜ、やってこないの」と聞くと、「でもね〜先生、いろいろ忙しくて……」と言う。

夫 うんうん。

妻 仕方がないので、B子さんのお母さんと面談をして「宿題をやってきてほしいのですが」と言ったんです。そうしたらそのお母さんが「でもね〜先生……」って言ったんです！

夫 まったく同じ口調で、同じ雰囲気で（笑）。

妻 そう！ 私は「母親と子どもってこんなに似るんだ！」とショックを受けた。母親の行動や言葉、それだけじゃなく「未来をどう考えているか」といったことまで、すべてが子どもに影響するんだと。自分は子育てをハンパにはできないな、とそのとき思ったんです。

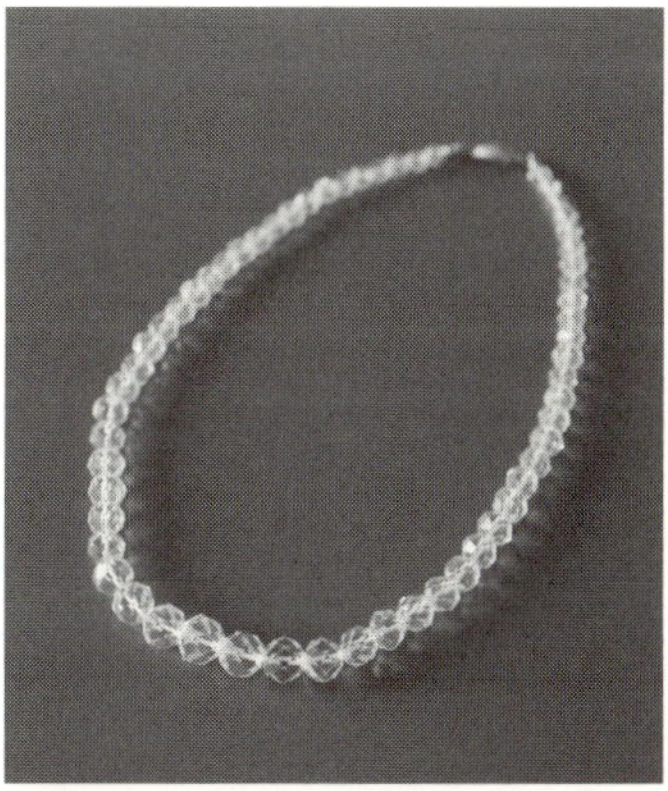

結婚前、妻が初めて夫にプレゼントされた水晶のネックレス。「派手さとは無縁でマジメそうだなと思った人が、まさにそんなイメージの宝石を選んできたので、思わず笑っちゃいました（笑）」（妻）

1991年に長男を出産。その後も次男、三男、長女と4人の子に恵まれた。全員を1歳から公文に通わせ、3歳からは「才能教育」で知られる鈴木鎮一氏が推進する教育法「スズキ・メソード」でバイオリンとピアノを学ばせた。自らも育児書や教育関連書を読んで研究を重ね、子どもたちの個性にあった勉強法とスケジュール管理を実践。勉強机をリビングに置き、全員の勉強を見守った。

夫 本当にえらいと思いますよ。毎朝、全員のお弁当を作って、身支度をさせて、家事をして。夜も子どもたちが勉強をしている間は一切寝ない。

妻 一番忙しい時期は、睡眠時間は毎日2時間半くらいだった。

夫 弱音も吐かないしねえ。

妻 子どもを勉強させるには「勉強しなさい」と言うだけではダメ。子どもが勉強できる環境にするために親が徹底的にサポートすることが必要なんです。

夫 彼女はもともと勉強を教えるのが好きだし、うまいんです。それにすごいなと思うのは、すべての源が自分が小・中学校時代に新聞や週刊誌の記事で「いいな」と思ったものだというところ。

妻　私の実家にはやたらと本があったんです。漫画やテレビは禁止だったけれど、週刊誌も文学全集もあらゆるものを読むことができた。小学校高学年からは毎日2時間、新聞を読んでました。

夫　いいと思ったのは記憶して、自分の子育てに実践したんですからねえ。

勉強にはやるべき〝旬〟がある

妻　忘れもしない小4のとき、新聞に「70歳を超えた女性が、夜間中学に通ってひらがなから文字を学んでいる」という記事が載っていたんです。その方は戦争で字を覚えるきっかけを逃してしまったんですね。私は「ずっと日本語を話してきたんだし、ひらがななんてすぐに書けるだろう」と思った。でもその方はものすごく苦労されていた。そのとき、ハッとしたんです。学びには、人間が覚えやすい時期という意味での〝旬〟があるんだと。

夫　スズキ・メソードも中2のとき、新聞で読んだんでしょう？

妻　記事で鈴木先生は「子どもがうまく育たないのは大人（指導者）の育て方が悪いのだ」とおっしゃっていた。それまで私が会ってきた大人たちはみな「できないのは、子どもの努力が足りないからだ」と言っていたんです。そうじゃない、とおっしゃる鈴木先生に感動して「子どもは必ずスズキ・メソードに通わせよう」と決めていました。

妻の徹底したサポートで3人の息子は灘中・高等学校から東大へ進学。妻は「子育て術」に注目が集まるようになり、著作を発表し、雑誌やテレビに登場するようになる。2017年春には長女も東大に合格した。

妻　主人は金銭感覚がおおざっぱで、細かいことを言わない。教育費についても何も言われなかった。

夫　4人全員を塾と私学の中高に通わせたからねえ。

妻　もうね、毎月、お金が音を立てて、右から左にビューッと逃げるんですよ。あのころはなんだかお父さんの生き血をチューチュー吸ってる感じだった（笑）。

長男のお宮参りは春日大社だった。「ここから、私の26年間の子育てが始まりました」（妻）。着物を着ていたので、わっと外国人に囲まれて一緒に記念撮影をした思い出もあるという

夫　「教育にお金がかかるのはしょうがないけど、自己破産だけはせんといてな」と言いましたけどね。

夫は交通事故、労働や環境問題など一般民事事件を専門とする弁護士だ。「憲法9条と平和を守る」との信念に基づき、衆議院議員選挙に出たこともある。

夫　96年に比例区の追加公認候補になり、00年と03年に本格的に出馬しました。

妻　普通、弁護士の妻は選挙に出ることを反対するらしいんです。弁護士の仕事ができなくなるから。でも私は主人の信念に賛同していたので、応援しました。

夫　朝、駅前に立って街宣もしましたよ。通学途中の息子たちが手を振ってくれてね。当選はできなかったけど、やってよかったなと思っています。

妻　うちの子どもたちは昔から「早く社会人になりたい。投票に行きたい」と言っていました。そういう意識を持ってたことも、主人の影響が大きいと思います。

そんな夫だが、実はけっこう抜けているところがあるらしい。

妻　〝けっこう〟なんてもんじゃないです。仕事以外は、ほころびだらけです。

夫　とにかく忘れ物をしょっちゅうするんですよ。特に手帳。本当は命の次に大事なんだけど……。

妻　事務所の方に「主人の手帳を毎日捜していただいて。1年間で365回もすみません」って言ったら、「いえ、奥さん、1日1回じゃありませんから」ですって（笑）。

夫　新婚旅行先で、カメラを置き忘れたのはもったいなかったね。

妻　せっかく撮った写真がすべてパア。

あのとき、「これはマズい人を選んだかも……？」と思った。

左右違う靴で帰ってきた！

妻　初めての家族旅行でグアムに行ったときも、飛行機は夕方6時出発、って前から言ってあったのに、数日前に「あ、僕、夕方4時から大阪で裁判がある」って言い出した。「間に合うわけないじゃない！」って。

夫　翌朝、僕だけ一人で追いかけました。

妻　当時、娘が10カ月、長男がまだ小1だったんです。私、一人で4人を連れてグアムまで行ったんですよ！　さすがにいろんな人が「大変ですねえ」って助けてくれた。

夫 うっかりが多いんだな。

妻 財布もよくなくすし、コートも何枚もなくしてる。飲み会に行って、左右違う靴を履いて帰ってきたこともあった。

夫 ははは。やられた人も迷惑だよね。

妻 最近は「もう何をなくしてもいいから、命だけはなくさないで」って言ってます（笑）。

財布は忘れても、妻が出るテレビ番組や雑誌は欠かさずチェックしている。

妻 私がテレビに出るときは急いで事務所から帰ってくるんです。「録画してあるのに」って言うと「いや、リアルタイムで見るんだ！」って。ネットに出ている私の本のレビューもプリントアウトして持って帰ってきてくれる。でも紙が半分だったり、3分の1に切れてたりする。悪いことが書いてある部分は、全部切り取ってくれてるみたい。

有名になれば、たたかれることもある。妻は15年に公開対談で「受験に恋愛は無駄」と発言したことがネットで話題になり、いわゆる「炎上」を経験した。

も、反対意見があったって、全然、気にしないです。私、全員を味方にしようと思ってないですもん。

夫　彼女は強いですよ。

妻　だって受験生の持ち時間はみんな一緒。１００時間のうち50時間恋愛して、50時間勉強している子と、１００時間すべてを勉強に使っている子、どちらが志望校に合格するかは明白です。それに、もしも落ちたときに50時間を費やした女の子があなたに寄り添ってくれますか？　いや、そんなに甘くないですよ（笑）。恋愛は合格してから好きなだけやればいい。恋愛に限らず、スマホもゲームも受験前の1年間は封印すべきだと思います。人生をかけるときは、すべてをそれにかけろ！と思うんです。

アンチがいてもいい家族が一番の味方

夫　彼女は本にもきちんと真実を書いているし、なによりすべてが実践に裏付けられている。それはきっと社会に役立つと信じているし、応援しています。

妻　ネットで非難されたときも子どもたちが「ママ、大丈夫？」って心配してくれました。次男はネットカフェですべての意見を読んで「ママ、全部見てたけど、悪いって言ってるのはそんなに多くない」って。

夫 テレビに出始めたときも子どもたちは心配してたよ。「20年以上、子育てばかりしてきたママが世の中にいきなり出て、大丈夫か?」って。

妻 そうそう。でも私が「そうよ、社会では、バブバブな赤ちゃん状態よ」って言ったら息子たち、「実際はババアだってことを忘れんなよ」だって。

夫 あはは。

「週刊朝日」2018年4月20日号から

おわりに

毎日毎日、「ママ～」「ママ、どこ?」と、大騒ぎだった子どもたちも、今は、みんなどんどん前へ進んでいって、私は、その遠ざかる彼らの背中を離れたところから見守っている、という感じになりました。子育ての最終局面ですね。

でも、私は、子どもたちが自分自身の道を見つけ後ろを振り返らず、どんどん、前へ進んでいく姿を見るのは、少し寂しい気もしますが、心からうれしく思います。「みんな、18年間育てさせてくれてありがとう。ママもお父さんもすごく楽しかったよ。みんなに会えて、本当によかった」と、心のなかでときおりつぶやいております。

賑やかだった奈良の家も私たち夫婦2人になり、思い出話に花を咲かせる毎日になりました。この本では、子どもたちと夫がインタビューに応じてくれて、私は、それぞれの考えを改めて知ることができました。思い出の旅行が、おのおの違うのには笑ってしまいました。年齢が違うと思い出も、違うのですね。

ここまで、お読みいただいて本当にありがとうございます。私の教育に対する考え方ややり方などが、みなさまの子育てに少しでもご参考になれば幸いです。

2015年に出版した『受験は母親が9割』の続編というお話をいただいたのが、今年の春。このときから、あっという間に今回の出版になったのは、ひとえに、編集担当の鎌田倫子さんと取材担当のライター庄村敦子さんのご尽力にほかなりません。強い信念を持って進めてくださった鎌田さんと、私の講演会に何度も足を運んでくださり、また、「週刊朝日」などの記事も書いて、私のことをよく理解してくださっている庄村さんのおふたりならではの本の完成です。おふたりには心より感謝いたします。

この度は、4人の子どもと夫のインタビューも載せていただき、私も涙なしでは、読めない本になりました。

この本の出版にあたりまして、朝日新聞出版の雑誌本部長の尾木和晴さん、週刊朝日編集長の佐藤修史さん、副編集長の鎌田倫子さん、ライターの庄村敦子さんには、重ねてお礼を申し上げます。

佐藤亮子

著者

佐藤亮子 さとう・りょうこ

奈良県在住。専業主婦。大分県で高校まで過ごし、津田塾大学へ進学。卒業後、大分県内の私立高校で英語教師として２年間教壇に立つ。その後、結婚。夫の勤務先である奈良県へ移り、以降は専業主婦。長男、次男、三男、長女の順で３男１女を出産した。長男、次男、三男の３兄弟がそろって、難関私立の灘中・高等学校（神戸市）に進学。体育系のクラブに所属したり、文化祭で活躍したりしながら、３人それぞれが学校生活を満喫しつつ、大学受験では国内最難関の東京大学理科Ⅲ類（通称「東大理Ⅲ」）に合格。長女も洛南高等学校附属中学、洛南高等学校に進んだのち、東大理Ⅲに現役合格。４きょうだいそろっての東大理Ⅲ合格は非常に稀なケースで、その子育て法と受験テクニックに注目が集まる。著書に、『受験は母親が９割　灘→東大理Ⅲに３兄弟が合格！』（朝日新聞出版）などがある。子育てが一段落した現在、進学塾の浜学園のアドバイザーを務めながら、子育てや勉強・受験をテーマに全国で講演活動を展開している。

[編集]　鎌田倫子（朝日新聞出版）
[取材・編集協力]　庄村敦子
[デザイン]　フロッグキングスタジオ
[DTP]　ヴァーミリオン
[イラスト]　江口修平
[校閲]　朝日新聞総合サービス出版校閲部

三男一女 東大理Ⅲ合格！
佐藤ママの子育てバイブル
学びの黄金ルール42

2018年７月30日　第１刷発行
2021年７月30日　第８刷発行

著者　佐藤亮子
発行者　佐々木広人
発行所　朝日新聞出版
〒104-8011
東京都中央区築地5-3-2
電話:03-5541-8767（編集）
03-5540-7793（販売）
印刷所　凸版印刷株式会社

ISBN 978-4-02-331722-2